絶望したあなたが幸せになる方法

Love Me Do 著

日本文芸社

はじめに

私たちは天から命を授かり、生まれてきて、この人生を全《まっと》うします。

そんななかで、

「自分が生まれてきた意味は何だろう」

「私にも使命はあるのかな」

こんな問いを、
誰もが一度は自分に投げかけてみたことがあるのではないでしょうか。

それでいて、なかなか答えを見つけられずにいるのではないでしょうか。

誰もが必ず、この人生での使命を持っています。
その使命が何なのかを知り、役割を果たすために私たちは生まれてきたのです。
遠回りや迷路のように思える道の先でいつか、「そういうことだったのか」
「そういう意味があったのか」と感じるために、私たちは生きています。

自分の使命、自分の宿命がわからない人は、
まだそれを見つけられていないだけです。

不思議なもので、「自分の使命を察知する」感覚は、
平穏な毎日の中ではなかなか湧《わ》き出てきません。
だから神様は、絶望の淵《ふち》に私たちをたたき落とします。

それは、すべてを失って初めてわかること、
そして呼び覚まされる感覚があるから。
漆黒の闇の中でしか気づけないものがあるからです。

あなたが生まれてきた意味、あなたの使命を思い出させるために、
神は絶望という名の試練を私たちに与えるのです。
何かを失った経験は、確実に人を強くします。

なので、恐れずに絶望してください。
打ちひしがれたあなたは、やがてもう一度立ち上がります。
そしてさらに強いあなたになって歩き出します。
それはいわば、一度死んで生まれ変わったようなもの。

その「再生」のときこそあなたは、自分の使命を知ることになるのです。

さあ、人生の意味を見つけ出しましょう。
思い出しましょう、あなたの使命を、あなたの役割を。
そして誇り高く生きていきましょう。

あなたの物語が終わるその日まで。

Love Me Do

CONTENTS

Chapter 3

運命を切り開く剣《つるぎ》はあなたの中に

～夢を夢のままで終わらせない～

Chapter 4
見えなくても確かに存在する力を信じる
～スピリチュアリズムを高めて幸運の神様を振り向かせる～

Chapter 5

人生は自分をつくり上げていく壮大なドラマ

～あなたの使命は挫折の先にある～

Chapter 1

傷つくたびに愛される力が強くなる

～恋に破れ、恋に迷うあなたに～

Section 01

失恋したら、自分をアップデートするチャンス

いいなと思っていた人とうまくいかなかった、愛し合っていた人から別れを切り出されてしまった……、恋に破れると、時に身を切られるような痛みを感じますよね。恋愛なんてこりごりだと思うし、自信を失ってしまうこともあるでしょう。でも**恋愛で傷つくのは、実は自分をアップデートする大きなチャンス**。恋が不本意な結果に終わったということは、あなたの魅力を高める機会が訪れたということなのです。

この世は神様からの試練の場だと思うと良いでしょう。夢に向かって生きてはいるけれどなかなか思い通りにいかない。または現実的で安定した生活を手に入れてはいるけれど、日々時間だけが過ぎていき「このままでいいのかな？」と感じている。あるいは、人生の目的を見つけられないまま、本気を出せずにいたり、何をしたら自分自身が満たされるのかわからず、生きる意味を見出せなかったりして悩む。そういう

方も多いかと思います。これらはすべて神様からの試練です。神様はあえて私たちに、「人生が思い通りにいかない」という試練を与えているのです。失恋もその試練のうちの一つ。だから**逃げ出さず、しっかりと立ち向かったとき、人はそこから何かを学び、生きる術《すべ》を掴み取ります。そして、そこで味わった達成感から、生きる喜び、生きる意味を見出すことができるのです。**

逆に、すでに自分の使命は何かを理解して、やりたいことを全うしている人、あえて自ら険しい道に飛び込んでいく人は、失恋したり、傷ついたりすることが少なくなっていきます。相手が勝手についてくるような感覚を覚えたり、または恋愛が人生の足かせのように感じたりすることすらあるでしょう。

恋愛が上手くいかない人は、それ自体が試練なのだと気づいてください。そこで努力してあなた自身を成長させることが神様の意思なのだと理解すると、人生が動き出します。**傷ついた経験によって、人は自分に足りていなかった部分に気づくことができます。**「こうした方が良かったのかな？」などと葛藤《かっとう》することで、初めて知れる自分の一面もあるでしょう。平穏な毎日の中では自分のことは見えないものなのです。

この世は、「本当の自分を知った人が勝ち」です。周りから自分がどう見られているかを知り、本当の自分と上手くすり合わせ、自分自身を上手く乗りこなせることができる人のところには人が集まり、愛されます。だからこそ、**失恋はたくさんしたほうがいい。失恋することによって得られる大きな気づきをもとに自分自身を変え、自分を演出する力、魅力の見せ方を磨いていきましょう。**そうすることで恋も実りやすくなりますし、より良い人生にもなっていきます。

自分をブランディングすることの大切さは、もちろん恋愛だけでなく仕事や人間関係でも同じ。私が馴染《なじ》みのある世界のことを例に出すと、占い師でも当然、人気のある人、ない人がいます。確かな実力はあるのに人気のない人は、やっぱり自分を演出する方法や、プロデュースの仕方を変えていかなければなりません。そして「この人に占ってもらいたい」とお客様に思わせないといけない。「愛される」ことを度外視《どがいし》して、意固地に「私は今のありのままの自分で人気者になりたい」と言っても、飛躍することは難しいわけです。自分に足りないものは？　自分の魅力を伝えるより良い方法は？　そういう視点で常に自分を刷新《さっしん》していくことで、人生が変わります。

Sum up!

傷つくたびに、
あなたの「愛され力」が
磨かれていく

Section 02

失恋は最高の復讐《ふくしゅう》の始まり

何度経験しても、失恋は辛いもの。大好きだった人との別れからなかなか立ち直れない気持ちはよくわかります。私もこれまで、そんなやるせない経験をたくさんしてきました。

恋を失った直後はとてつもなく落ち込みますよね。「あんな素敵な人はもう二度と現れない」「あの人がいないなんてもうやっていけない」と悲嘆に暮れるのは当然です。だからしばらくは悲しみにどっぷり浸かっていていいんです。とことん悲劇のヒロインになってください。そうやって**絶望の底にいる間に、これから動き出すための運とパワーが充電されていきます。**

悲しみのエネルギーは実はそう長くは続きません。だから納得いくまで落ち込み抜いたあと、人は自然と気力を取り戻していきます。

徐々に自分が立ち直ってきたなと感じたら、少し落ち着いて考えてみましょう。果たして、別れたことは本当に悲劇だったのでしょうか？　相手に対してふつふつと「こんなに愛しているのに、振り向いてくれなかったなんて……」「なんで、私の愛がわからないの？」と怒りのエネルギーが湧《わ》いてきませんか？

怒りや悔しさを感じたらチャンスです。そのとき、あなたの「最高の復讐」の物語が幕を開けます。「絶対見返してやる」という憎しみのエネルギーを思いっきり燃やして糧《かて》にしましょう。そこからは相手ではなく自分に集中してください。相手のＳＮＳを見ない、連絡もしない。あなたの愛を受け入れなかったことを相手に後悔させるために、とにかく自分を磨き続けるのです。

そんなふうに怒りを原動力にして誇り高く生きていると、やがて別れた相手が再びあなたに興味を持ち、接近してくるでしょう。でもそのとき、あなたの傍らにはすでに、もっと素敵な恋人がいます。そして「私、今すごく幸せだから邪魔しないでね」

と一言ズバッと言ってあげるのです。ものすごく爽快ではありませんか？　だから失恋をしたときには、「私は将来、この人に華麗に復讐できるんだ」と思って無理やりにでも喜んでください。

失恋は「この人から学ぶことはもうないよ」という神様からのサインです。次のステップに進みなさいという、天からのメッセージなのです。だから別れた相手にいつまでも固執するのは、せっかくサインをくれた神様への冒涜《ぼうとく》になってしまいます。辛くても別れの事実を受け入れ、前に進んでいく人を神様は応援します。

思い出も、もらったものも全て捨て去って忘れる。そんなふうに過去とキッパリ決別し、凛《りん》として生きていれば、もっと良い恋愛のチャンスが必ずやってきます。

別れを告げられたときから、あなたの大逆転のストーリーは始まっています。自分の思いを受け止めてくれなかった人にいつか「こんなに素晴らしい人をどうして手放してしまったのだろう」と悔しがらせる日のために、失恋を踏み台にして、どんどん魅力を高めていきましょう。

Sum up!

恋に破れたときは、逆転のストーリーの主人公になろう

Section 03

「寂しい気持ち」が恋を連れてくる

信じられないかもしれませんが、「恋ができない」という悩みを持っている人たちは、実は精神的に満たされている場合が多いんです。今の状況に心が満足してしまっているから、それ以上の変化を求める必要がないわけですね。

本当の幸せを手に入れたいと願うなら、「心」を100%満たしてはいけないんです。なぜなら人は、精神的な満足度50%、現実的な満足度50%が揃ってはじめて「100%の幸せ」を手にすることができるから。どちらかで満足してしまわないよう、バランスをとることが大切なのです。

精神的な満足はもちろん大事です。縁結びの神社にお参りしたりするのは心の安定にもつながるし、それで気分が良くなるならどんどん取り入れればいいと思います。けれど、そこで満たされて人と関わりを持つことをやめてしまったら、「現実的な面での満足」を得ることはできなくなってしまいます。

恋愛など人との付き合いは、あくまで現実のもの。だからこそ心だけを満足させるのではなく、リアルな幸せを追い求めていくことが肝心です。そこで生きてくるのが「満たされなさ」なんです。心が満たされていないからこそ、現実の幸せを追い求める気持ちが生まれます。

恋を見つけたいなら、ぜひ「心の欠乏感」を大事にしてください。例えばアイドルの追っかけをしている人たちは、「推しが活躍している姿を見る」という生き甲斐《がい》があるので、精神的にはものすごく充実していると思います。でも、そのままでは実生活で恋人をつくることはできない。心が100％MAXの状態で満たされてしまっていて、現実を変える必要がないからです。追っかけ中心の生活をやめない限り、リアルな恋人をつくるのは難しいでしょう。

そこで思い切って二次元のファンでいることを手放して行動してみるからこそ、現実世界に変化が表れるんです。もちろんファンをやめたときは寂しくなると思います。孤独感も抱くでしょう。でも、「私は孤独だ」と感じるからこそ、現実的に愛を求めようというパワーが生まれるんです。バーチャルで「誰かを好きな気持ち」を持たないぶん、リアルなほうでそれを求める気持ちになるんですね。

恋を連れてくるのは常に「寂しい気持ち」です。 恋人がほしいなら、常に心の中に寂しさや孤独感を携《たずさ》えておいたほうがいい。いかに心を充足させず、孤独でいるかが鍵となります。

これはアイドルだけでなくペットなどでも同じ。ペットという愛情を注ぐ対象がそばにいると、そこで満たされるので、恋人はできにくくなってしまいます。現実での幸せもしっかり手に入れたいなら、寂しさを感じる勇気を持ちましょう。

それに孤独でいると、男心をくすぐる哀愁《あいしゅう》が出てきます。男性側からすると「この子、俺がいないと死んじゃうかも」って思わせられる女性はすごく魅力的なんです。

孤独の先に、リアルな恋が待っていますよ。

Sum up!

孤独を感じる心の欠乏感が恋を呼び寄せる

Section 04

愛され上手は、揺さぶり上手

「私、あなたと結婚するって決めた」。

ちょっといいな、付き合いたいなと思っている人がいるなら、こんなセリフを言ってみてください。相手は「何言ってるの?」と戸惑うかもしれません。でも、そうなったらあなたの勝ち。その人はあなたのことが気になって仕方なくなるでしょう。

恋を仕掛けるために大切なのは、相手の心をいかに揺さぶるかということ。無難な態度では、相手の気持ちを奪うのは難しいのです。だから恋人でもない相手に「私、あなたと結婚するって決めた」のような、**突拍子《とっぴょうし》もないことをサラリと言える人はモテます。**まずは相手に強い印象を残し、意識させることが恋の第一歩だからです。

「あなたと結婚する」はハードルが高いというなら、自分が勇気を絞り出せば言えそうで、かつ、相手をドキッとさせられるような別のセリフでも良いでしょう。軽やかな感じの「好き」「好きだなぁ」なども効果的です。

コツは友達に言うような軽さで言うこと。緊張しながら言ってしまっては、自分を下に置くことになって安心感を与えてしまい、相手の「この人のことをもっと知りたい」という意欲を掻《か》き立てることができません。

だから女優になったつもりで自分を演じ、堂々と口にしましょう。さらに何の脈絡もなく、突然言えればベスト。気になる人の心は大いに乱れ、揺れることでしょう。

もちろん、自分が少しでも「いいな」と思っている人に対して限定ですが、こんなふうに好意を軽やかに見せる練習をいろいろな人にしていくといいですね。そのうち、異性を惑《まど》わす資質がどんどん磨かれていきます。最初はドキドキして言えないかもしれませんが、場数を踏んでいくうち、難なくできるようになっていくと思います。

トレンディドラマに登場する男女は、ケンカから始まることが多いですよね。最初はぶつかり合っていた二人がいつしか惹《ひ》かれ合い、最後は結ばれるというパターンはよくあります。

実際の恋愛もそれと同じで、「なんだ、この人」と戸惑っている時点で、相手はあなたに好奇心を抱いているのです。

特別美人というわけではなくても人気のある女性は、こんなふうに男性を振り回して、自分に興味を向けるためのコツを知っているんです。「結婚するって決めた」「好き」に限らず、相手をドキッとさせる、オリジナルのキラーワードを持っている人が多いでしょう。

逆に顔はすごくきれいなのになかなか男性と思うような仲になれない人は、男性の好奇心を刺激するように意識してみましょう。**恋愛のスタート地点では、いかに相手に「この人のことをもっと知りたいな」と思わせられるかが大事**なのですから。

Sum up!

「なんだ、この女」と思われた瞬間から、彼との恋が始まる

Section
05

最高の「ごめんね」を演出できたら、彼の心は離れない

男性が女性に対して愛《いと》おしさを感じるシチュエーションはたくさんありますが、一番は最高の「ごめんね」が聞けたときだと思います。

まず、あえて強がったり、文句を言ったりして彼にケンカをふっかけてみましょう。そしてぶつかり合って気まずいムードになったあと、しばらくしたらあなたから「ごめんね……」と言うのです。反省しながら、しおらしく言うのがポイント。「ごめんね。やっぱりあなたがいないとダメなの」。こんな可愛《かわい》いごめんねを言われたら、相手はあなたのことが可愛くてたまらなくなります。散々強がっても、やっぱり俺がいないとダメなんだな、と実感し、優越感を大いにくすぐられることでしょう。

自分のプライドをくすぐり、存在を肯定してくれる女性を男性は手放すことができ

ません。だからちょっと関係がマンネリ化してきたなと思うたび、わざと強気に出て、そのあと最高の「ごめんね」で魅了するようにしましょう。

前の項目での話とも重なりますが、やっぱり恋愛で鍵となるのは、いかに自分を演出できるか、相手の求めるものを演じられるかなんです。だからそこに長《た》けていて男性の心をくすぐるのが上手な女性ほど、「可愛いな」「この子のことを誰にも渡したくないな」と相手に思わせることができて、幸せな恋を経験することができます。

例えば相手がわざと自分を嫉妬させようとしていると感じたら、あえて乗ってあげる。彼が他の女性に言い寄られたり、仲が良かったりすることを話してきたときは、内心「くだらないなぁ」と思ったとしても、ちょっとヤキモチを焼くふりをしたりして、相手を気分良くさせてあげるんです。

もちろん心地良くできる範囲で問題ありませんが、こんなふうに**自分に求められているものを察し、ちょっとしたゲーム感覚で自然に演じてあげられるようになるとい**

いですね。そんなことを繰り返すたび、あなたはどんどん相手にとって大切な存在になっていくでしょう。

百戦錬磨の恋愛の天才は、相手の心を悦《よろこ》ばせることを自然とできる人たちなんです。天性のものというか、もっと言えば本能のレベルで異性の気持ちをくすぐることができる。

「自分にはそんな才能がない」という人も、**訓練さえすればいくらでも恋愛力を磨いていくことができますよ**。最初は見よう見まねでいいんです。たくさん挑戦して、失敗を重ねていくうち、赤ちゃんがいつのまにか母国語を身につけているように、自然と恋愛マスターのような行動をとれるようになっていきます。

幸せな恋愛をしたいなら、日々の鍛錬《たんれん》は欠かせないのです。

Sum up!

訓練さえすれば恋愛マスターには誰でもなれる

Section 06

ダメなあなただからこそ、愛される

「自分の魅力の演出」は、恋をうまくいかせるだけでなく、人間関係や仕事でもとても重要になってきます。

恋愛においてはほとんどの人が「ありのままの自分を愛してもらいたい」という心の欲求を持っていると思いますが、その一方で、好きな人の前ではより良い自分を見せたいという思いが強くなるものです。でも、「自分を偽る」という要素が入ってしまうと、途端《とたん》にあなたの魅力が落ちてしまうことがあります。

「好きな人によく思われたい」という気持ちを持つのは当然のこと。でも、**恋愛したい相手にこそ、自分のダメなところはどんどん見せたほうがいい**んです。例えば、「しっかり者」「デキる女性」という印象を持たれがちでも本当はおっちょこちょいな人は、恥ずかしがらずにそこを見せるようにしましょう。その抜けているところが相手には可愛く映りますし、頼ってほしいなとか、守ってあげたいなという思いを引き出すことができます。

恋愛がスタートするのは、「何かしてあげたい」「必要とされたい」という気持ちが生まれたとき。完璧《かんぺき》な自分では、その気持ちを相手に起こさせる余地《よち》がないんです。だからもちろん限度はありますが、情緒不安定で泣き出したりとか、そういうことも我慢しないほうが良いでしょう。

男性が恋に落ちるポイントは大きく分けると二つあって、一つ目は見た目で、二つ目は「情」です。見た目がタイプだと思われなくても、情を湧かせられれば相手の気持ちを掴むことができます。

そのために必要なのがあなたの弱点。ダメなところを見せるほど、相手は「守ってあげたいな」という思いを高め、あなたに情が移ってくるようになるのです。だから今現在、あなたの恋愛に勝算がなくても、諦めずにあなたの弱い部分を見せつつ、仲を深めていきましょう。

スピリチュアルな視点から見ても、恋愛するときは自分を偽らないほうがいいんですよ。恋というのは、実は守護霊同士の惹《ひ》かれ合いです。本人同士が惹かれ合っているときは、守護霊同士も恋をしているのです。

だから取《と》り繕《つくろ》った自分を受け入れてもらおうとしたところで、守護霊たちはあなたの本質を見抜いています。「あ、この人、自分を作っているんだな」と相手の守護霊に察知されてしまうと、付き合えるはずだった彼とも付き合えなかったり、関係を長続きさせられなかったりしてしまいます。

あなたが自分でダメだと思っているところこそ、愛されるために大事な要素。現実的な面からも、スピリチュアルな面からも、恋愛相手には取り繕わないようにしましょう。その勇気が、魂が震えるような恋愛経験をもたらしてくれるはずです。

Sum up!

守護霊同士が
惹かれ合うのが恋だから、
自分を偽るのは無意味

Section 07

あなたの恋愛は、世界で一番ドラマティック

「自分には恋愛運がない」と嘆《なげ》いている人は、一度、自分の価値観がガチガチに凝り固まっていないかな?と振り返ってみてください。

最初のデートは早めに切り上げる、告白は必ず相手からさせないとダメ、三回目のデートまでは家に行かない……。巷《ちまた》にはさまざまな恋愛のルールがあふれていて、これらを忠実に守っている人も多いと思います。痛い目を見たくない、少しでも自分の価値を高めたい、大切にされたいという気持ちがそうさせるのでしょう。

でもこんなふうに杓子定規《しゃくしじょうぎ》に恋愛をしているのなら要注意です。「絶対こうじゃなきゃダメ」とか「これ以外は認めない」という頑《かたく》なさやプライド、思い込みなどは、すべて恋愛運を下げてしまいます。

恋愛は始めようと思って始めるものではなく、むしろ「やめておこう」というときにこそ落ちるもの。「ここでは恋愛ごとは面倒だから避けよう」とか「忙しいから無理」などというシチュエーションに限って発生します。**運命の神様はいたずら好きなので、今は恋愛モードじゃないんだけど……というときにこそ恋を仕掛けてくる**のです。

恋が唐突に降ってきたときに、お行儀良く、マニュアル通りに対処しようとしていたら何も始まりません。全部思い通り、順番通りにしようとしていたら運命は動き出さないのです。衝動的に出会って結ばれて、昔から知っているような感覚を覚えたり、運命を感じたり。思い込みを捨てるからこそ、そんなドラマに出会えます。

だから、世の中で賞賛されるような恋愛のパターンこそが一番幸せなんだという思い込みは捨てましょう。愛というのは形而上《けいじじょう》のものなので、決まった形はないのです。自分だけの愛の形や幸せに自信を持ってください。恋愛の形は一つではありません。他人の恋愛が素敵に見えているあなたも、自分の恋愛の話をすれば周りから羨ましがられたりすることだってあります。あなたの恋愛は誰よりもドラマティックです。**自**

分だけのストーリー、自分だけのドラマの主人公として、誇りを持って生きていってください。

ちなみに別れたあともドラマを残す女性になりたいなら、「男性を成長させる」という視点を持つといいですよ。**男性は「自分を成長させてくれた女性」を忘れられない生き物**だからです。

例えばなかなか褒めてくれない彼に、「女の子は好きな人に可愛いって思われたくて頑張ってるんだから、可愛いって言って！」と言うなど、その成長に一役買うつもりで、可愛らしく怒りながら、女性との付き合い方をあれこれと教え込むのです。

もし結果的にその彼とお別れしてしまうことになったとしても、そんなふうに**自分を教育し、成長させてくれた女性の存在は、彼の中でずっと生き続けます。**あなたが教えたこと、あなたの言葉、あなたの想いは美しいドラマとしてずっと残って、ふとしたときに「そういえばあいつがこう教えてくれたんだよな」とあなたのことを思い返し、感謝の思いを抱くでしょう。その念があなたの幸せをサポートしてくれますよ。

男性を成長させる女性は
別れたあとも
ドラマを残せる

イマジネーションで夢と幸せを手繰り寄せる

column 1

悔しいことがあったときは 龍を生み出して幸運を引き寄せよう

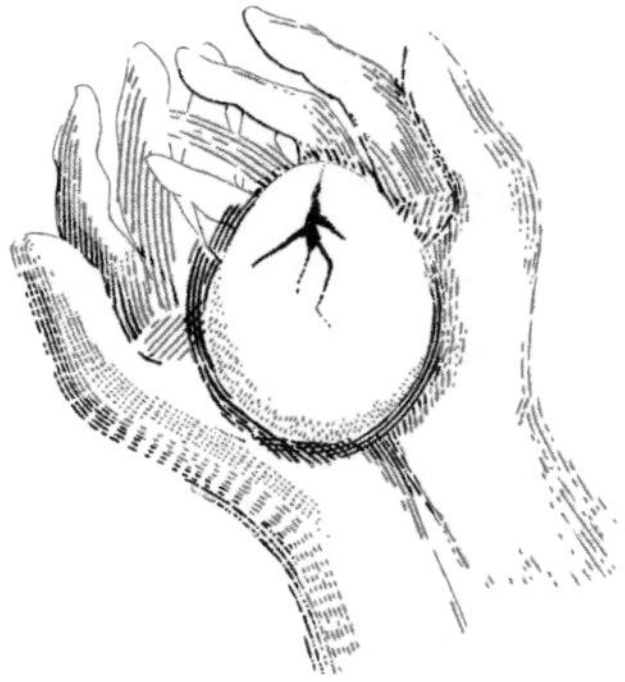

悔しいことがあったときは、まずその怒りのエネルギーを昇華《しょうか》することが大切です。逆鱗《げきりん》に触れられた龍が怒り狂い、空を飛び回り、街や山などさまざまなものを破壊する姿を想像します。やがてその龍が退治され、姿を消すところまでをイメージし、あなたが感じた怒りのエネルギーを昇華させましょう。

そのようにしてネガティブな反骨心を消したあとは、代わりに清らかなエネルギーを生み出していけるようになります。あなたの両手のひらの上に卵が乗っている様子を想像してみてください。重さや生命力まで感じられるくらい、リアルにイメージするのがコツ。やがてそこにひびが入り、龍が誕生する様子を思い浮かべましょう。それがあなたの守護龍です。

怒りを感じてしまったのは、あなたを応援してくれる龍の存在に気づいていなかったから。あなたは龍に選ばれし父であり、母です。あなたを見守り、成功や幸せをもたらしてくれる龍を生み出し、ともに生きていきましょう。

Chapter 2

絶望した瞬間に運命は動き出す

～悩みや苦しみは、未来への投資～

Section 08

報われないときにこそ運は貯まっていく

生きていれば、なかなか報われずに悔しい思いをすることはたくさんありますよね。思うように結果が出なかったり、周りに先を越されたりするのは誰にとっても苦い経験です。焦ったり、自信を失ったり、無気力になったりしてしまうでしょう。

でもそうやって停滞しているように見える時期こそ、あなたは来たるべき日のために運を貯めているんですよ。

ゴムを強く引っ張るほど反対側に勢いよく飛んでいくように、運もマイナスへ大きく引っ張られるほど、後に大きくプラスに飛んでいくもの。大失恋の後にとんでもない幸運に恵まれることが多いのも、そういう理論です。だから鬱屈《うっくつ》しそうな日々が続けば続くほど、絶望の度合いが大きいほど、この後大きな幸せが来るんだ!と喜びましょう。

仕事があと一歩のところで目標に届かなかったり、恋愛でも結局思い通りの結果が得られなかったりという状況が続くのはもどかしいものですが、そういうときは「これは全部、これからやってくる大きな幸せへの布石《ふせき》なんだ」と思えばいいのです。

ちょっと過激な例えにはなりますが、うまくいかなかったものたちは、ある意味、生贄《いけにえ》なのです。例えば何かを売ったり、プロデュースしたりする仕事を例にとると、大ヒット作に恵まれるまでは、鳴かず飛ばずだったということは大いにあります。言ってみれば、その**日の目を見なかったものたちが生贄となって、後のヒット作への道をつくってくれた**わけです。

なかなか結果が出ないときは、今後もっと大きなものが来ることを楽しみに、その屍《しかばね》を感謝しながら越えていけばいいのです。

だから周りと比べて卑屈になる必要はないし、誰かを妬《ねた》んだり、僻《ひが》んだりしなくても良いのです。ましてや、人の足を引っ張るなんて問題外。そういうレベルの低い行いにエネルギーを使っていたら、あなたの大切な運が落ちてしまいます。

ただ、「なんで自分ばっかりうまくいかないんだ」という悔しさや反骨心は大いに利用したほうがいいですね。**反骨心というものは利用の仕方さえ間違えなければ、すさまじいエネルギーとなってあなたをバックアップしてくれます。**ずっと反骨心だけを武器に走り続けるのは心身が疲弊してしまいますが、ある程度の段階までは、負けん気を原動力にすることで自分を押し上げることができます。

今、自分だけうまくいかないと不貞腐《ふてくさ》れている人はラッキーです。**なかなか報われないと感じるのは、運を貯めている途中だから。**辛いときはそれを思い出してください。信じてさえいれば、いつか大きな幸せを掴みとることができます。鬱々《うつうつ》とした日々をチャラにしてくれるような最高の日が必ず来るのです。だからその日を楽しみに、自分に集中しながら生きていきましょう。

Sum up!

鬱屈するような日々は最高の幸せまでの準備期間

Section 09

後悔は、未来のための投資

誰しも、何かしらで、いろいろな後悔を抱えていることがあるとは思います。もちろん、もう思い出さないようにしていたり、自分の中できっちりケジメをつけて忘れたりすることができている人もいるとは思いますが、なんであのとき、あんなことしちゃったのかなとか、もっとこうすれば違う今があったのかもしれないなとか、そんな思いを抱いて悔やんでいる人も多いことでしょう。

でも、**あなたが失敗だったと思っていることにも、必ず意味がある**んですよ。

私もかつては、昔のことを考えては後悔していました。例えばこういう仕事をするようになって悔やんだのは、学生時代にもっと本腰を入れて勉強しておけばよかったということ。数学を学べば情報処理能力を養えたかな、歴史を学べば記憶力が強化されたかな、現代文を学べばもっと論理的な思考を持てるようになったかな、というように、いろいろなことを学んでおけばこの仕事に生かせたのかもしれない……と思うと、どうしても後悔の念が拭《ぬぐ》えませんでした。

でも、あるときからそれを逆手にとるようにしました。悔やんでも昔のことは変えられないのだから、今あるものでどう勝負するかを考えなきゃダメなんだ、というマインドにシフトチェンジしたのです。

そこから、仕事内容も精査するようにしました。自分に向いていないなと思うものは引き受けないことにして、もともと得意だった、空想やイメージの世界をより深く突き詰め、伝える方向に自分を追い込んでいきました。

それによって、自分の特性みたいなものを色濃く打ち出せるようになったと思います。そうなると結局、自分が失敗だったなと思っていたことにも意味はあったのだと言えますよね。

失敗や後悔はこれからのための投資です。あなたにもっと良い未来をもたらすための踏み台になってくれるものなのです。だから自己嫌悪に陥《おちい》るためではなく、自分をバージョンアップさせるためのものだと考えてください。

後悔するような事態になって初めて見えるもの、気づくものはたくさんあります。だから、失敗してもいいんですよ。今、あなたの**心の重荷となっている「後悔」は、もっと良い未来のためにあるもの**です。

今、身をもがれるほどの後悔を感じているなら、それを喜んでください。その過《あやま》ちを糧《かて》に、あなたは自分を刷新《さっしん》していけるのですから。仕事で失敗してしまったのなら、それを凌駕《りょうが》するくらいのもっと良い仕事をする。うまく自己表現できなかったのなら、その理由を徹底的に分析し、次のチャンスが来たときに言いたいことをストックしておく。そんなふうに未来に備えておくのです。

後悔は、自己嫌悪に陥るためのものではなく、味方につけるもの。そんな前向きさを持って進んでいれば、やがて「あのとき後悔してよかったな」と思える瞬間が訪れます。

Sum up!

失敗や後悔は
もっと良い未来のための
味方になる

Section 10

追い込まれたときこそ、人は強くなる

逆境でこそ人は本来の力を引き出せると思います。人間は追い込まれるとすさまじいパワーを発揮するものです。ですからあなたが今、ピンチに陥って深く絶望しているのなら、その状況をチャンスに変えていくことができます。

ただ、ここで気持ちが折れてしまうと運を味方にできなくなってしまうので、「もう負けるわけにはいかない」という意志を強く持ちましょう。そして魂を燃やしてください。

奇跡は追い込まれたときにこそ生まれるもの。だから追い込まれていることを楽しめるくらいの、ピンチのときにあえてテンションを上げられるくらいの、強靭《きょうじん》なメンタルを持っていてほしいと思います。苦しい状況のなかでどれだけ自分を奮い立たせられるかどうかで、運命が変わります。

例えば歴史上の戦いの場面などを例に出すと、生きるか死ぬかという絶体絶命のピンチにあっても、強い気迫を持っていたことで生き延びたということもあります。

もちろんさまざまなシチュエーションがあるので一概《いちがい》には言えませんが、例えば死地に赴《おもむ》いて「もう絶対終わりだ」という状況に追い込まれたとしても、「それでも生き残りたいんだ」という強靭な思いを持つことで運を引き寄せられたりするのです。念波《ねんぱ》のようなものが神様に届き、その瞬間に風が吹いて敵軍の兵士の目に砂が入ったとか、そういう奇跡を起こすこともあるでしょう。**その状況を脱したいという強い思いが現実を動かす**のです。

日常的にこういった奇跡を起こせれば良いと思うかもしれませんが、平穏に生きているとなかなか気迫が生まれるような機会は訪れないですよね。

だからこそ、時には絶望したほうが良いのです。「もうダメだ、終わりだ」と、思いっきり嘆いたほうがいい。**窮地《きゅうち》に追い込まれた人間ほど強いものはありません。**絶望して初めて、強い思念のようなものが生まれ、それが現実を動かします。

この世は陰陽の法則、プラスとマイナスの法則で成り立っています。そして「陰極《いんきわ》まれば陽《よう》となす」と言いますが、実は陰のマイナスの気が頂点に達したとき、それは陽のプラスの気へと反転するのです。太陽は東の水平線から昇り西の水平線に沈んでいきます。沈んだ太陽はいずれまた昇り始め、また沈む。このサイクルは私たちの運命と結びついています。

なので、**深く絶望してマイナスを極めたとき、あなたは、プラスへと向かうためのとてつもないエネルギーを手にしたことになる**のです。

だから追い込まれることを恐れないでください。追い込まれた人間の持つ強さを信じてください。窮地でこそ強く願い、覚悟を抱く。そんなふうに自分を奮い立たせているあなたの姿を、神様は決して見逃しません。

Sum up!

絶望はチャンス。絶体絶命のときの気迫を神様は見逃さない

Section 11

孤独は戦うためのエネルギーに変えてゆく

今いる場所で周りとうまく馴染《なじ》めず、悩んでいる方へ。孤独はどんどん感じたほうがいいですよ。孤独感は、あなたを戦いへと向かわせる原動力になるからです。

学校や会社などの集団の中で、浮いているなと感じたり、仲間外れにされたりした経験はありますか？　そういうときは気にしなくていいんです。他の項目でもお話ししますが、その場所に馴染めないのは、そこにいる人たちとは違う個性が出ているからなのです。

例えば故郷を離れていつか東京に行こうと思っている人からは、「私はあんたたちとは違うんだ」というオーラが出ています。周りの人たちからすれば、当然おもしろくありません。この子は私たちと同じ土地に生まれて一緒に育ったのに、一人抜け駆けして楽しくやろうとしているんだという思いから、疎《うと》ましく思ったり、冷たくしたりしてしまうこともあるでしょう。両親となぜかうまくいかないような人たちも同じです。

それは辛い経験ではありますが、疎外《そがい》されるからこそ、あなたは自分が本当に見てみたい世界へと旅立っていけるわけです。故郷で平和に過ごせていれば、そこを離れる必要はありませんから。だから自分がいる場所に溶け込めないときは、そこに染まる必要はないということなんだな、と頭を切り替えるようにしてください。その集団の中でうまくやれないのは、自分自身も本当は染まりたくないと思っていることを示すサインなのです。

だから今、人間関係で悩んでいる人は、その辛さや苦しさを原動力に、その場から離れる準備をしましょう。そこにいる人たちに情が湧くと動き辛くなってしまいますから、孤独でいられるのはラッキーなんですよ。ニコニコしていれば人間関係はある程度うまくいくかもしれませんが、違う世界に足を踏み入れたいと思ってしまったあなたには、もう迎合《げいごう》することは難しいでしょう。**孤独こそが、あなたが戦うための理由になる**のです。やりきれなさを戦うエネルギーに変えて、個性を解き放ち、別の場所へと向かっていきましょう。

居場所を変えたくてもさまざまな事情でそれが難しいという人は、「人間関係で悩むのは普通のこと」とすっぱり割り切ることで、心にバリアを張ることができます。古今東西、ありとあらゆる人たちが人間関係の悩みを解決する方法を説いてきたにもかかわらず、このテーマが消えることはありません。つまり、人間関係には悩みがつきもので、万能な答えなんてないということなのです。だからそこで悩むこと自体が時間の無駄、意味のないことだと理解して、他のことに魂を燃やす方法を考えたほうがいいでしょう。

いくつかの対処法はストックしておきながらも、**「人間関係の悩みに処方箋《しょほうせん》はない」ということが根本的にわかっていると、清々《すがすが》しい気持ちで生きていける**と思います。

Sum up!

人間関係の悩みに処方箋はないと思うとラクになる

Section 12

侮《わなど》られるほど、幸運度は上がっていく

「まさか、あの子に彼氏ができたなんて嘘でしょ?」と、驚いたことはありませんか?あるいは「あの人にだけは負ける気がしない」と思っていた人が仕事で大躍進して、呆然《ぼうぜん》としたことはありませんか?

油断していた相手に出し抜かれたときは、ショックや悔しさもひとしおですよね。でも実は、**見下されたり、侮られたりする人ほど成功しやすい**ものなのです。

それは本人が「自分は周囲から馬鹿にされているんだ」という屈辱をバネに負けん気を発揮するから。学生時代に強いコンプレックスを感じていた人が、大人になって見違えるようにきれいになったり、発奮して大成したりするのもそういう原理です。

映画や漫画などでも、周りから見放されていた主人公がやがて大きな成功を掴むサクセスストーリーや、嘲笑《ちょうしょう》されていた女性がみるみる幸せになっていくシンデレラストーリーなどは普遍的な人気を誇りますよね。

スピリチュアル的な観点から見ても、**侮られれば侮られるほど、その人の運気は高まり、成功に近づいていきます**。馬鹿にされたとき、心ない言葉をかけられたときは、たとえ言われた本人が自覚していなかったとしても、その人の無意識の部分で、逆転のためのエネルギーが発動するからです。前の項目でもお話ししたように、やっぱり追い込まれた人、マイナスの負荷をかけられた人のパワーは強いのです。

だから**もしあなたが今、「どうも周りの人たちからナメられている気がする」とか「足元を見られているようだ」と悔しく思う状況にいるならチャンス**です。

たとえ誰かがクスクス笑いながらあなたの噂《うわさ》話をしている現場を見てしまったとしても、落ち込んだり、自信を失ったりする必要はまったくありません。それは神様からのプレゼントだと思ってください。私と私の無意識を刺激してくれてありがとう、と思うべきなのです。その悔しさ、反骨心を燃料に、これからあなたは幸運の階段を駆け上がっていけるからです。凹《へこ》みたい気持ちを揺るぎない自信に変えて、「私ならできる！」「見返してあげるから、待っててね」を合言葉に突き進んでいきましょう。この強く前向きなエネルギーに影響されて、いつのまにか自分を取り巻く環境も変わっていきます。

ちなみにこの大逆転劇は、あなたが見下されている分野で起こしやすいもの。だから例えば「あなたに結婚なんて無理」と笑われていた人が、やがて誰もが驚くような素敵な人と幸せな結婚をしたり、「君が本なんて出せるわけないでしょ」と言われ続けていた人が、予想を覆《くつがえ》して大ベストセラー作家になったりするのです。

侮られたぶんだけ、あなたはその反動で飛躍できます。誰もが驚くサクセスストーリーを紡《つむ》げるのだと思うと、見くびられて落ち込んでいる場合ではありませんよね。

Sum up!

見くびられてもいい。
あなたはいつか
必ずその人を見返せる

Section 13

周りに溶け込めないのは、その場所と波長が合っていないだけ

今自分がいる場所でうまくやれていないと、自分に問題があるのかな、と落ち込みますよね。でもそれは、同じ気質の人や同じ考え方の人が周りにおらず、あなたの波長がその場に合っていないだけ。もっと言うとあなたが天才すぎるから、それをわかってもらえないだけなのです。

誰もが自分にしかできないことを持って生まれてきています。人間一人ひとりが、何かしらの天才です。ただ、多くの人はそれに気づいていないし、世の中の常識に合わせ、自分でその能力を封印してしまっています。そして持って生まれた能力、個性を最大限に発揮している人を見ると、「変わってるよね」と眉をひそめたりするのです。

人間は結局、同じ気質、同じ性質同士でしかわかり合うことができません。天才は天才とでないと共鳴し合えないのです。だから**あなたが個性を発揮していることで周**

囲から浮いているように感じても、気にすることはありません。自分が居心地よく過ごすためには、時に周囲と足並みを揃えることも必要かもしれませんが、あまりにも自我を抑えすぎては使命に逆らうことになってしまいます。本来持って生まれたはずの自分の天才さを発揮できず、突き抜けられなくなってしまうのです。

今いる場所が辛いなら、もちろん身を置く場所を変えていいんですよ。

自分にぴったりの場所や環境を引き寄せるには、霊的な力を使って、そこと波長を合わせます。

まず、自分が電波を発することができる存在だとイメージしてください。そしてあなた自身がラジオ局になったつもりで、想像のなかでその電波を飛ばし、受信したがっている人たちに届けましょう。そう、あなただけのリスナーと波長を合わせ、発信するのです。

このときのポイントは、いつも仲良くしている人たち、知っている人たちに電波が届かないようにすること。電波はまだ会ったこともない、あなたと同じ気質や考え方を持っている人とつながるためのもの。だから、知り合いを思い浮かべないほうが、新しい出会いがあります。

こんなワークを行っているうち、やがてあなたの才能を見出《みいだ》してくれる人や、もっと合っている会社、仕事などに巡り合うことができます。あなたの電波を受信してくれるリスナーたちに現実でも出会えるように、自然に運命が動いていくのです。

大事なのは、こういった霊的なワークも行いながら、現実面での努力も続けていくこと。それによってあなたの才能はどんどん伸びていきます。世の中の天才たちは、みんなすごい努力をしている人たちです。もしくは、好きなことを夢中でやっているだけなので、それを「努力」と思っていないだけです。何もしなくても天才でいられるわけではないということを忘れないでください。

天才のあなたに合う場所が、きっとどこかにあります。電波を発して、自分がもっと輝ける場所を見つけにいきましょう。

Sum up!

「自分だけのリスナー」と
波長を合わせれば
ぴったりの居場所が見つかる

Section 14

運気は太陽のように、沈めば必ず上がるもの

大切な何かを強制的に奪われてしまったとき、とてつもない敗北感を味わったとき、自分を心から嫌いになるような出来事があったとき。「なんで私はこんなに不幸なの」と運命を呪いたくなるかもしれません。もう二度と立ち直れなくなるような気がするかもしれません。

そんなときは、もっと絶望しましょう。もうこれ以上は無理だというところまで沈んで良いのです。そうすればあとは上るだけ。**世界一自分が不幸だと思うところまで落ちきってしまえば、そのあと必ずあなたは浮かび上がることができます。**

人間は「小宇宙」と呼ばれます。宇宙のメカニズムがあなたの体内にも組み込まれていて、太陽や月、惑星たちの動きとリンクしています。

だからあなたは小さな宇宙であり、あなたの中には太陽が宿っているのです。

太陽は、夕方沈んでも、次の日の朝には昇りますよね。夜が深まって漆黒の闇が訪れても、あまりの暗さにもう二度と日は昇らないような気がしても、必ずまた朝はやってきます。

私たちもそれと同じです。どんなに落ち込んで、辛くて、どん底のように感じていても、一番深いところまで沈んだら、また必ず朝日のように運気は上っていくのです。

だから安心して絶望しましょう。

なかなか立ち直れないのは、実はまだ落ちきっていないからです。夜明け前の空が一番暗いのです。あなたの中の太陽は、まだ夜の9時頃の位置にあるのかもしれません。もっと沈んで夜中の3時頃の位置まで達すれば、もう夜明けは間近。やがて明るい光が差し込むことでしょう。

日が落ちれば必ず上がる、冬が来るから春が来る。私たちはこういう、大きな循環のなかで生きています。明日が見えないほど辛いときは、それを思い出してください。

今どんなに寒くても、暗くても、必ずまた暖かい日はやってくるし、光も射す。それは絶対的な法則なのです。目の前のことに翻弄《ほんろう》されて心に余裕がなくなったときこそ、こういう壮大なメカニズムに思いを馳《は》せてほしいと思います。

また、小宇宙の話で言うと、特に女性は月のリズムを味方につけるといいですね。女性は月の影響を強く受けるからです。新月付近になると孤独を感じるとか、満月になると気分が高揚するとか、上弦の月あたりはイライラを感じるとか、自分の気分や感覚を月の満ち欠けに照らし合わせて知っておき、うまく付き合っていきましょう。

あなたの絶望は、幸せなことが起きる前触れです。私たちは宇宙とつながっている、神秘的な生き物。だから自然のバイオリズムにゆったりと身を委ねて、幸せな明日を信じましょう。

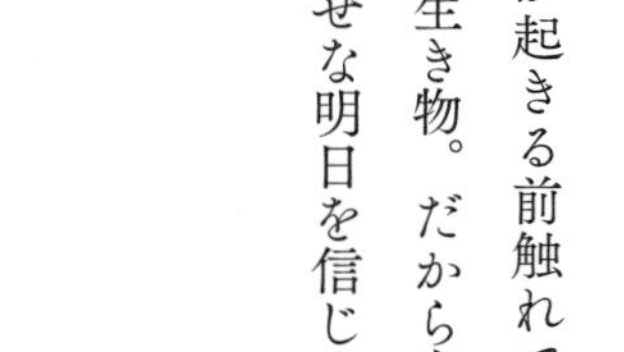

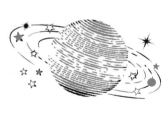

Sum up!

「私って世界一不幸」と思ったとき、運命の反動が起きる

Section 15

辛い思い出なら、図太く利用する

下積み時代のことを思い返すと、今でも苦い気持ちになります。

私は22歳からお笑い芸人の道に進み、月に数回ライブに出演していました。25〜26歳の頃は、一時、所属事務所に自前のライブ会場がなくなったため、外部の会場を借りて、客席を作ったり、照明を手伝ったりと裏方の仕事も自分たちで行っていました。もちろん無名なので、お客さん集めも自分たちでしなければなりません。毎回チケット100枚くらいをさばかなければならず、街ゆく人に片っ端から声をかけて頼み込んだりもしていました。

当時はそんな状況のなかでお笑いの腕を磨いたり、ネタを作ったりしていましたが、頑張れば頑張るほど才能の無さを感じとり、精神的にかなり追い込まれていました。

もちろん、裏方の仕事もやれたことはとても良い勉強になりましたし、小さいながらも会場が満員になってファンのみなさんから声援を頂けた経験は私の宝物ですが、お金の余裕もなくて、食べるのもままならなかった当時のことを思い返すと、今でも胸が締め付けられるような思いがします。

ただ、こういう苦い過去の記憶があるからこそ、今、全力で仕事に取り組めているのも事実です。**「辛かったあの頃には戻りたくない」という気持ちが、一つの原動力になっているから**です。

だからもし、**思い出したくもない過去が心の重荷になっている人は、却《かえ》って利用するくらいのメンタルを持ちましょう。**考えるだけでイライラするような昔の出来事やムカついた思い出は、自分を磨くための材料に変えてしまえばいいのです。「もうあんな思いはしたくないな」という感情が、今のあなたへのエールとなると思います。

それもできないくらいの嫌悪感を抱く思い出なら、もう終わったこととして葬《ほうむ》り去ってしまいましょう。真面目な人ほど辛い過去に自分を縛り付け、苦しみのループを味わわせようとするものですが、そんな義務はどこにもありません。サッパリと捨ててしまって、「そんなことありましたっけ?」と言えるくらいの図太さを持って良いのです。

あるいはいっそのこと、自分に都合の良いように記憶をアップデートしてもいい。人間の記憶はいい加減なものです。楽しかったことや嬉しかったことのスペースをどんどん増やして、少しずつでも嫌な記憶に上書き保存していけば良いのです。これくらいの**厚かましさを持ったほうが、幸福度は高まります**。

人は何歳になっても、幸せな未来を思い描いて前に進まなければいけません。あなたを苦しめる過去は、利用するなり、捨て去るなりして、颯爽《さっそう》と生きていきましょう。

Sum up!

過去の記憶は
あなたを苦しめる
ためのものではなく
輝かせるためのもの

Section 16

何かを手放した人は美しい

大切なもの、大切な趣味、大切な仕事。私たちはたくさんの大切なものを抱えながら生きています。その大切なものを時には捨て去ってください、と言ったら驚きますか？　でも何かを手放すことで、あなたはもっと輝いて、次なるステージへと上がっていくことができるのです。何かに思いっきり燃え尽きて、思いっきり捨て去る。人生には、そういうタイミングが必要です。何かに猛烈に打ち込み、そして潔く手放す人は美しいのです。夏の甲子園大会がなぜあれほどまで多くの人たちの胸を打つのかというと、そこで生まれるさまざまなドラマに引き込まれるのはもちろんのこと、高校卒業後は就職や家業継承などのため、野球から身を引くと決めている選手をメディアがクローズアップすることも大きいと思います。全力で打ち込んで燃え、ぱっとやめる。その散り際、その儚《はかな》さに人々は魅せられるのではないでしょうか。

人生は死と再生を繰り返していく循環の物語。何かをやりきって燃え尽きるという、いわば一つの「死」を経験し、あなたは再生していきます。何かを捨てることで新しい自分に生まれ変わり、新しい人生をスタートさせていくのです。だから、手放すこと、失うことを決して恐れる必要はないのです。また必ず新しい自分になり、生まれ変われるのですから。

私もこれまで、常に死と再生を繰り返しながら生きてきました。それはもともと目指していたお笑い芸人だったり、あるいはオネエキャラだったり。どれも全力でやりきったからこそ未練なく手放して、次なる道へ進んでこられたのです。「絶対このスタイルでなければ嫌だ」としがみついていたら、今のような仕事にたどり着くことはできなかったでしょう。だから例えばあなたに大好きな趣味があったとして、一度やり切って一切やらなくなったりすると運気が変わります。好きなことをずっと続けるのはもちろん素晴らしいことですが、一回どこかで燃え尽きて、捨てる勇気を持った方が人生は大きく動くのです。

結婚したいと思いつつもなかなかチャンスに恵まれない人は、結婚することによって何かを失ったり、捨てたりすることを心のどこかで拒《こば》んでいるのかもしれません。それは今の気ままな生活のことかもしれないし、仕事や趣味に割いている時間のことかもしれない。そういうものを手放すことが潜在的に怖いから、人生を変える勇気が出て来ないという可能性はあります。反対に言えば、**今の持ち物に固執せず、いつでも捨てられるというメンタルにさえなれば、いくつになっても結婚はできます。**

大きなものを手放すのはハードルが高いなら、日常的に何かを捨てたり、遮断したりするだけでも十分に「再生」の効果はあります。例えばスマホの電源を数日間切って過ごしてみる。もしくは仕事などで難しいのであれば数時間だけでも切ってみる。あるいはキャンプなど、自然豊かな環境で長く時間を過ごし、普段しているSNSやネットのチェックなどをしないようにするだけでも、現代人には大きな効果があるでしょう。手放すことに勇気が必要であるものほど、リターンも期待できます。数日間切っていたスマホの電源を入れた途端、待ちわびていた連絡が来るかもしれませんよ。

Sum up!

燃え尽きて、捨て去る。
そのときにあなたは
生まれ変わる

イマジネーションで夢と幸せを手繰り寄せる

column 2

あなたの意識が雲を突き抜けて空まで届いたとき、星々が願いを叶える

星は、あなたの願いや希望を叶えてくれるもの。

叶えたい夢があるときは、目を閉じて無心になり、33 秒数えます。33 秒数え終わったら、目を閉じた状態で、今あなたが抱いている不安や悩みを思い返してください。苦しくなってきたらそこに大きな風が吹くイメージをし、それらを吹き飛ばしましょう。そして、幸せな未来だけを思い描くのです。自分の幸せな姿をありありと思い浮かべることができたら、その願いを星に届けます。あなたのポジティブな念が、屋根を突き抜け、雲を突き抜け、星にたどり着く様子をイメージするのです。星のエネルギーを感じることができたら、きっと 33 日後にあなたの願いは叶うでしょう。

33 秒、33 日の「33」という数字は、太陽と地球の時間のズレを表しています。詳しくは P.156 で説明していますが、33 秒数えることで太陽と地球、さらにあなたとの間のズレを正し、あなたの願いを叶えましょう。

Chapter 3

運命を切り開く剣《つるぎ》はあなたの中に

～夢を夢のままで終わらせない～

Section 17

自分のスタンスを変える柔軟さが運を呼ぶ

なかなか報われないとき、「それでも絶対いつか幸せを掴める」と信じることはとても大切だと思います。そしてそれと同じくらい、思い切ってやり方を変えてみることも重要です。

仕事でも人間関係でも、一生懸命やっているのに結果が出ないときは、一度、ほかにもっと良い方法がないか考えてみましょう。努力してもなかなか芽が出ないのは、力の入れどころを間違っている可能性が高いのです。だから他の方法を取り入れる勇気を持ってください。

例えばあなたが学生だとして、テストで良い点数を取りたいなら、ノートをきれいにとることだけに命をかけてもそれは難しいでしょう。成績を上げるために大切なのは、一つでも多くの公式や単語を頭にインプットしたり、それを応用できるようになったりすること。それに気づかず、ノートの精度を高めることに必死になっても、なかなか成果は出ないですよね。

「どうしてこんなに頑張っているのに結果が出ないのかな」と思うときは、そういう間違った思い込みに気づき、どれだけ柔軟にシフトチェンジしていけるかが重要なのです。

私も昔、一生懸命準備して書き上げた占い原稿を持ち、打合せに臨んだところ、それが全く使われず、無視され、ゼロから書き直しになるという経験をしましたが、すぐに気持ちを切り替えました。「妙にやる気を見せたり、真面目に取り組みすぎたりすると、こんな結果になるんだな」と学んだので、それを踏まえてやり方を変えたのです。事前にしっかりと準備しても物事は計画通りに進まない。運を良くするためには、しっかりと準備するよりも、その場その場で対応する人間力や、「なんとかなる」という自信を持つ方が大切だと悟りました。**やる気は持っても見せてはいけないのです。一生懸命さをアピールすると運気を下げてしまう**ので注意しましょう。

努力してもなかなか思うような結果が得られない人は、**時には自分のスタンスを変**

えるしなやかさを持ってください。強い信念があり、何事にも全力で取り組む人ほどそれが難しいことはよくわかります。でも、だからこそ効果があるのです。**変化が大きいほど、運も大きく変わるもの**だからです。

人にはそれぞれ考えがあって、多くの場合は「自分のやり方が正しい」という主義のもと生きていると思います。でも**結果がついてこないと感じるときは、自分の頑《かたく》なさを捨てる勇気も必要**になります。あなたのことをよく見てくれている人の意見にも、ぜひ耳を傾けましょう。

そのためには、肩の力を抜いてください。全力で頑張りすぎている人は、必要以上に力んでいて、物事の客観視ができにくくなっています。特に絶対に成功させてやる、なんて闘志を燃やしているときはなおさらです。

ただ、「ま、いっか」と思ったときは危険です。「ま、いっか」は神様からの警告なので、ここで手を抜いてしまうととんでもないことが起きる危険があります。「ま、いっか」と感じたときは何か大事なことを見落としていると考えてください。この違和感に気がつける人に運は味方します。

Sum up!

「ま、いっか」と
思ったときこそ危険。
神様からの警告なので、
違和感を感じ取り、
手を抜かないように

Section 18

信じる力がブレなければ願いは叶う

願いを叶えたり、成功したりするためには、男性は熱くなければなりません。我《が》が強いというのとはまた違って、情熱的で、なおかつ愛が深くなければならない。同性に憧れられるようなタイプになる必要があると言えますね。任侠《にんきょう》映画の主人公のような男性をイメージしてもらえたらわかりやすいと思います。たとえ普段は飄々《ひょうひょう》としていたとしても、根っこに懐《ふところ》の深さ、熱さみたいなものがある男性は、周りからその本質的な部分を信頼され、夢や大志を叶えやすくなります。

もちろん女性にもそういう面は必要だと思いますが、女性にはそれ以上に、「自分を信じきる力」が必要になってきます。「自分は絶対にこれを手に入れられるんだ」というような、微動だにしない信念です。男性にももちろん効果はありますが、女性はスピリチュアル性が強いので、特にこういう念のようなものが力を発揮するのです。

今、叶えたい夢、手に入れたい願いがあるなら、「自分なら絶対にできる」という強い思いを持ってください。その揺るぎない確信が行動を起こさせ、夢への道筋をつくってくれます。例えばアイドルになりたいなら、「受かるかどうかわからないけど受けてみよう」と思ってオーディションに臨んでもダメなんです。「私にはこんなにも強い思いがあるんだから、絶対に受かるに決まってる」と自分の中で確定させてからその場に向かわなければなりません。夢を決定事項にすることで、それが現実を動かす力となり、無謀《むぼう》に思えた願いも叶うのです。

例えば有名人など手の届かない人に恋をしたときも同じ。「私なら彼に近づけるはず」という根拠のない信念や気迫こそが運命を動かします。自分も芸能人になったり、あるいはテレビ局での仕事を得たり、芸能人御用達《ごようたし》のお店の看板娘になったり。そういう活路を見出して突き進むことで、実際にコンタクトがとれたり、恋仲になったりすることができるのです。

とある有名人と奥様とのなれそめは、ＳＮＳでメッセージをもらったことだったんですよ。有名人のＳＮＳへのメッセージなんて、途方もない数ですよね。その中で未来の奥様からのメッセージを拾い上げられたのはどうしてかというと、やっぱり彼女が宿していた「自分を信じる力」がそうさせたのだと思います。「絶対に大丈夫、絶対に返事は来る」と信じることで、奥様は運を引き寄せることができたのです。

私も日々たくさんのオファーやメッセージをいただきますが、きちんとした内容のものとそうでないものは見極めることができます。それは相手の念の種類によるところも大きいと思っています。

信じる力はあるはずなのに願いが叶わないという人は、それが欲望に駆られたものでないかどうか、一度精査してみましょう。おいしい思いをしたいとか、人から羨ましがられたいというような欲からくる願いは、あなたをくすませ、信じる力も濁《にご》らせてしまいます。あくまで純粋な気持ちでポジティブに念じること。だからこそ願いは叶うのです。

Sum up!

「私なら叶えられる」という
純粋で揺るぎない念が
夢を現実にする

Section 19

ライバル心は「私の方が幸せになれる」と前向きに昇華《しょうか》

誰かの充実感たっぷりのSNSにイラっとしたり、友達からの幸せ自慢に疲弊したり、あるいは自分が妬《ねた》まれて意地悪をされたり。嫉妬やマウンティング合戦は、いつの時代も人の心をすり減らすものです。でもあなたはこれからどんどん輝いていかなければなりません。だから僻《ひが》みやマウントすらも利用して、運気を取り込んでいきましょう。

誰かに嫉妬してしまうときは、そのライバル心をエネルギーに変えて前に進むことが大事。例えば片思いの彼がほかの女性と仲良くしていたら焦るし、不愉快になりますよね。そういうときは「絶対に私の方が幸せな瞬間が来る」と固く信じればいいのです。

あなたは汽車で、「ライバル心」という名の石炭を燃やすのだと思ってください。

そして自分を鼓舞しながら疾走《しっそう》していくことで、やがてただの汽車ではなく、空を飛ぶ銀河鉄道に姿を変える。星々の輝く宇宙を目指して旅ができるのです。そんな想像をしながら、勝利を手にするそのときまで闘いましょう。

ここで大事なのは、決して「見下してやりたいから」というような思いで闘わないこと。「ざまあみろって思いたい！」みたいなメンタルではいけません。ライバル同士でもやっぱり守護霊同士の付き合いのようなものがあって、その礼儀作法に則《のっと》ったメンタリティでいることが大切なのです。そのためには人をあざ笑うためではなく、あくまで自分をより良く変えていくことを目標に、ポジティブな闘志を燃やしましょう。「私の方が絶対幸せになれる！」と前向きに自己暗示をかける。こういう性格になれると運を変えられます。

また、自慢話ばかりされてうんざりするときは、「この人は幸せじゃないから一生懸命アピールして強がっているんだな」という思いで接してあげると良いと思います。このときも「本当は不幸なんだな、いい気味」というようなスタンスではダメ。マウンティングされてるなと思っても、相手の苦しみを救ってあげるような気持ちで「そうなんだ」「いいね」と優しく同調する。そんな度量を身につけられる人に運気は舞い込みます。ただ、それも自分に余裕があればこその話です。あまりにも鬱陶《うっとう》しかったり不愉快に感じたりすると自分の運が吸われてしまうので、ためらわずに距離をとったほうがよいでしょう。

自分が嫉妬されて、嫌味を言われたり意地悪をされたりしたときは、難しいかもしれないけれど喜びましょう。**攻撃されたら、私＝「勝者」だと思うのです。**ゲームの『ストリートファイター』で出てくる「YOU WIN」のようなイメージです。嫌味や意地悪が、却《かえ》ってあなたが勝者であることを証明してくれているのです。

そして自分は**嫉妬されるほどの幸せを手にしたんだから、嫌味くらい言わせてあげないと帳尻が合わないな、**と思えば良いのです。このくらいのマイナスがあってトントンだ、これは厄落としだ、と考えると、なんだか気持ちが楽になりませんか？

Sum up!

相手を救う気持ちで
自慢話を受け入れる人に
幸運の神様は微笑む

Section 20

夢の続きを見られる人こそ、夢が叶う

目の前の仕事、目の前の出来事、目の前の一日。そんな目先のことに一喜一憂してしまうのは仕方がないことだとは思いますが、物事はなるべく、ロングスパンで考えるようにしましょう。

常に目先のこと、目先の夢がすべてだと思っていると、それがダメになったとき、全部が終わったような気がしてしまうもの。でも、道は果てしなく続いていきます。ダメだったその何かは、一つの通過点でしかないのです。人生はすべてが学び。うまくいかなかったことにガッカリしても、この経験、この出会いで自分は何を吸収できたのかな？　という視点で考えるようにしましょう。そんなふうに前向きに捉えられるようになると、失敗したという概念はなくなりますし、運も向いてきます。

「ここでミスしたから成長できて、これからもっと大きな成功を掴めるんだ」とか、「この敗北を糧《かて》にもっと自分を飛躍させよう」とか、今自分が見ているものの遥《はる》か先を見《み》据《す》えられるようになると、考え方、生き方が変わってきます。

ロングスパンでの物の見方ができるようになるほど、実は目の前の夢や目標も実現しやすくなります。

テストで100点を目指して80点しか取れなかった、ということはよくありますよね。何事も、目指していた通りのゴールには到達せず、手前で終わってしまうことが圧倒的に多いものです。だから例えば学校で英語のテストを受けるときは、「いい点を取るぞ」というよりも、「私はいつか英語ペラペラになるんだ」とか「英語で通訳ができるようになりたい」とか、長期にわたって叶えていくようなゴールを掲げておくと良いのです。そうすると学校のテストで100点を取るという目標が、すんなり叶う気がしませんか？

これはどんなことでも同じです。「今手掛けているこのプロジェクトを絶対成功させたい」とか「今つくっているこの商品を絶対ヒットさせたい」というときも、意識的にその先を見つめる。目の前の仕事の成功をゴールに設定するよりも、**もっと彼方《かなた》にある大きな目標を見据えて取り組んだほうが、良い結果を残せる**ものです。

今、仕事をしている人、あるいはこれから仕事をする人は、まず「その道で世界的に有名になる」と決めてみてください。その目標を叶えるために逆算していくと、目の前のハードルが少し低くなったように感じると思います。

夢を叶えるコツは、夢の続きを目標にすること。目先のことに翻弄されるのではなく、その夢が連なっていった先の遥かな未来に、自分はどうなっていたいのかを見つめるようにしてみてください。

Sum up!

道は続くもの。成功したいならロングスパンで考える

Section 21

小さな夢を叶えたことを大切に覚えておく

あなたは夢を叶えたことがありますか？　あなたの夢は叶うと思いますか？　そう聞かれて、「はい」と答えられる人は少ないのではないでしょうか。夢はなかなか叶わないもの、と思っている人が大多数だと思います。

でも実は、私たちは日々夢を叶えているんですよ。

夢を叶えるとは、自分が「こうしたいな」と思ったことを実現するということ。だから例えば、欲しかったものを買えたとか、読みたかった漫画を読めたとか、そういうごく日常的な出来事も、言ってみれば全部、夢を叶えたということになるのです。

何も壮大なことを達成するだけが夢の実現ではありません。例えば「彼と結婚したい」

というのがあなたの最終的な願いだったとしても、そこに行き着く前の段階でも、たくさん夢を叶えていることに気づいたほうが幸せになれます。

もしその人とすでに恋人同士ならば、それも夢が実現した結果ですから喜びましょう。その段階に至っていなくても、デートができた、会話ができた、目が合った、あるいは好きだと思える人に出会えた、というように、出来事一つひとつをありがたく噛みしめたほうがいい。ゴールだけを見つめるあまり、その前の段階で叶っているたくさんの夢を見落としてしまうのはもったいないと思います。

自分の周りにあふれている成功体験に着目してください。そして、**どんな小さなものでもいいから、夢を叶えた経験を大切に覚えておく**のです。「自分は夢を叶えられる人間なんだ」と刷り込むことはとても大事です。そうやって自己暗示をかけ、自信を与えることで、やがて大きな願望を叶えられるようになります。

また、夢を叶えたいときには、「夢を現実へと変換させる」という意識を持つようにしましょう。「夢のメタモルフォーゼ」です。「メタモルフォーゼ」とは、ドイツ語で「変化・変身」を意味します。

あの仕事に就きたいなとか、あの人といつか会いたいなとか、今は二次元のことのように思い描いている夢も、叶ったときには現実のものになります。つまり、**夢を実現するプロセスのどこかで、夢を現実に変えるメタモルフォーゼを行わなければならない**のです。だから「この夢をいつか現実に落とし込むのだ」という覚悟と気概を持ちましょう。その準備ができたとき、夢は現実のものになるために進化します。

最後に、夢を叶えるおまじないを一つご紹介します。

新月の夜、紙に「Dreams, come true!」と書いてみましょう。「Dreams come true.」ではなく、「夢よ、実現せよ！」という命令形の「Dreams, come true!」です。このパワフルな表現なら、お月様もあなたの夢を力強くサポートしてくれるはずです。

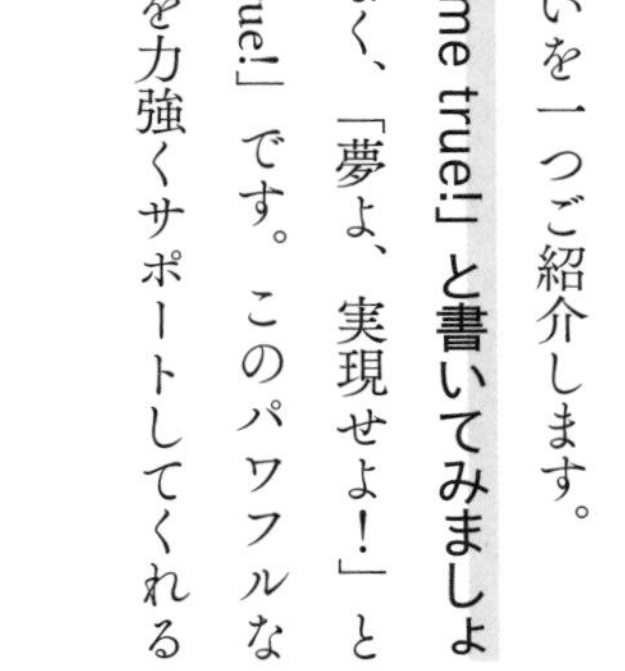

Sum up!

夢のメタモルフォーゼで願望の現実化が一気に加速する

Section 22

お金が旅立つイメージが金運を呼ぶ

生まれつき金運が良い人というのは確かにいます。例えば一代で財を築いたりとか、宝くじにやたら当たったりとか、センスや勘がずば抜けていて、ほんのちょっとした努力で大金を手に入れられるような人たちがこれに当てはまります。

そういう人たちと自分とでは持って生まれたものが違う、と残念に思うのは当然です。でも嬉しいことに、私たちのようなごく平凡な人たちでも、日々のトレーニングやちょっとした思考の持ち方次第で、お金への嗅覚を養い、金運を高めることができるのです。

金運を上げるためにまず大切なのは、自分の中に「もっと稼ごう!」という意欲を持つこと。そんな強い「気」がお金を呼び寄せてくれます。

そのためにお勧めなのが、想像のなかで全財産を楽しく使いきってしまうという遊び。自分の全財産を思い浮かべたら、そのお金に旅をさせてあげる想像をしてみてください。例えば今、札幌に行きたいなと思っているのなら、イマジネーションのなかで札幌へ飛び立つのです。ラーメンを食べて1500円バイバイ、ちょっといいホテルに泊まって5万円バイバイ、せっかくだからお土産もたくさん買って……というふうにどんどんお金を使っていき、残高を0円にします。

そうするとなんだか不安になりますよね。急激に「お金を稼がなければ」という焦りや不安が自分の内側から湧いてきませんか？　これが大事なのです。この不安が「お金を稼ぐ意欲」のスイッチを入れてくれるわけです。

こんなふうに**日頃から想像のなかでお金を使い切るという遊びをしていると、お金をつくることへのモチベーションを常に高くキープしておけるようになります。**

そして実際にお金を使うときには、「見えないものに投資する」という感覚を大切にしましょう。例えばスキルを磨くためにスクールに通う、かけがえのない経験をするために旅行をする。こういう「形として残らないもの」を得るためにお金を使うことで、一度出て行ったお金たちが、友だちを連れて帰ってきてくれるのです。それはお金とは限りません。知恵や経験値だったり、大切な気づきだったり、あるいは新たな出会いや友人というかたちで手に入るかもしれません。**目に見えないものにもお金を使うという姿勢が、人生全体を底上げしてくれるのです**。

ただし、「元をとってやろう」などという打算的な考えでは、スピリチュアルな力が弱まってしまいますから、そこはご注意を。自分を高めようという純粋な気持ちで、快くお金を手放すことが大切です。

日頃から意識してお金と向き合い、ポジティブな使い方をしていくことで、感覚がどんどん研ぎ澄まされていき、金運を引き寄せる人間になっていきます。そうすると「今日宝くじを買ったほうがいいな」などという直感も当たるようになっていくのです。

この力は何歳からでも開花させることができます。肉体は老いても精神は老いませんから、**スピリチュアルな能力は、いくつからでも磨くことができる**のです。

Sum up!

自分を高める気持ちで
快くお金を手放すと、
金運を引き寄せられる

Section 23

成功したいなら他力《たりき》を使う

八方塞《はっぽうふさ》がりだと感じるときこそ、周りの人の力を借りられるようになりましょう。「こんなに頑張っているのに、どうしてうまくいかないのかな」というときは、自分を過信しすぎているのかもしれません。意欲があり、自分に厳しい人ほど、「自分でどうにかします」「一人で頑張ります」というスタンスになりがちですが、実はそれは遠回り。一人でできることは限られていて、どんどん可能性が狭まってしまいます。

シンプルにスキルや実力だけを見ればあなたと良い勝負であるにもかかわらず、軽々と結果を出している人は、きっとうまく「他力」を使える人です。人に頼るのが上手で、周りから助けてもらっているのではないでしょうか。

いろいろな人の知恵や力を借りれば、一人では解決できなさそうな問題をすんなり解決したり、実力以上の成果を挙げたりすることができます。だから行き詰まったときは、一人で頑張りすぎていなかったかな？　と振り返ってみてください。そして人に頼り、甘える勇気を持ちましょう。**周りに頼る力を磨くほど、さまざまな物事がスムーズに運ぶようになります。**

頼まれた側からすれば、「自分は頼りがいがある」と認められているようなものですから、嬉しくなってつい手を貸してしまうでしょう。**人は、「自分は必要とされているのだ」と思うと能動的に動く生き物。**役割や使命感を与えられたと感じると張りきるものなのです。

もちろん、あなたが「絶対的なカリスマ」や「孤高の天才」を目指すのであれば、あくまでも一人でのし上がる、というスタンスを貫いても良いと思います。

『三国志演義』にも、曹操《そうそう》と劉備《りゅうび》という、全く違ったタイプのリーダーが登場しますよね。曹操はカリスマ性と才能があって指導力にも長《た》けている、いわば「才人《さいじん》」です。

一方の劉備はさしたる才覚もなく、一見ダメ人間。でも、自分の非をすんなり認めるような素直さと愛嬌があります。そして優れた人間には心から敬意を表して助けを求める。その結果、優秀な軍師や勇猛《ゆうもう》な武将に支えられ、最終的にはのし上がっていくのです。こんなふうに、自分自身には何もなくても周りの人に愛され、この人を支えてあげたいと思わせられるような人を、「徳人《とくじん》」と言います。

決して、才人と徳人のどちらが優れているという話ではありません。大事なのは、自分はどちらのタイプなのかを見極めること。そして行き詰まってきたなと思ったら、潔く方向転換する柔軟性です。時期やそのときの環境によっても、どちらが適しているかは変わります。

これまでずっと一人で頑張ってきたけれどなかなか壁を越えられないというあなたは、人を頼る勇気を持ちましょう。責任感やプライドはとても尊いものですが、それが邪魔をして周りの助けを寄せつけなくなってしまうのはもったいない。他力を使えるようになった途端、壁を突破できるかもしれません。

Sum up!

人を頼る勇気が、困難な状況の突破口になる

Section 24

「みなさんのお陰です」と言える人に周囲も運も味方する

周りの人とうまくやっていきたいなら、「○○さんのお陰です」とか「みなさんのお陰で」という言葉を習慣的に使える人になりましょう。そうすると、どんどん運が向いてくるようになります。

スポーツ選手のヒーローインタビューを思い出してみてください。「みなさんのお陰です」というセリフをよく耳にしませんか？　この言葉には、周りの士気を一気に上げるパワーがあります。チームメイトはもちろん、スタッフやサポーターたちも「ああ、自分も力になれたんだ」と思うことができて、モチベーションが上がるのです。自分も頼りにされている、という気持ちを持ってもらうことができれば、その人たちから出る前向きなエネルギーが、さらにあなたを後押ししてくれます。

これはもちろん、会社などの組織でも同じ。一生懸命がんばって結果が出たとき、「自分の努力です」「私の手柄です」とアピールをしたくなる気持ちは痛いほどわかるけれど、そういうときこそ謙虚に「○○さんのお陰で……」という言葉を添える。言われたほうはもちろん自尊心をくすぐられ、それは次の機会にも生かされます。「そういえばあの人、この前自分のことを褒めてくれたな」と、またあなたにチャンスの球をパスしようと思うでしょう。こうして必然的に、あなたの運はどんどん上昇していきます。

こんなふうに、組織でうまくやっていくためには、いかに周りの人たちの自尊心をくすぐって、味方につけるかが大事なんです。だからそのためのスキルは身につけておくと良いと思います。

あまり大きな声では言えませんが、「みなさんのお陰です」というようなセリフには、心がこもっていなくてもいいんです。内心では「いや、自分が必死でやったからだし」といくら思っていてもいい。あるいは意に反することがあったとき、心の中では「絶対納得できない」と思っていても、表面上は「そうですね」と同意して人間関係を円滑に進めるというような計算も、時には大事です。

実力があっても評価され辛いタイプは、やっぱり周りの人から、扱い辛いと思われていることが多い。もちろん、絶対に我を通さなければならない場面も人生にはありますから、そういうときには折れなくていいのです。でも組織の中では、時には本心からではなくても同調したり、謙虚な姿勢を見せたりすることが処世術として大切です。野心を持つことはとても大事ですが、同時に「みんなのお陰」の気持ちを出していかないと、コミュニティの中で生き残れないのです。

恋愛の話にも通じますが、**ダメな自分をうまく演出し、周りの人の力を借りられる人は仕事もスムーズに進めることができます**。「私、一人でキッチリやれますから」というスタンスではなく、「ちょっとプレッシャー感じちゃってて……助けてください！」というように、あえて弱い自分を見せる。プライドにこだわらず、ダメな自分を演出してうまく人を上に立たせてあげられるようになると、チャンスも運も舞い込んできますよ。

Sum up!

人の自尊心をくすぐるのは
大事な処世術

Section 25

オリジナルな存在になりたいなら、特技のかけ合わせを

自分にしかできないことをしたい、頭一つ抜きん出たい。そういう野心はあなたを動かす大きなパワーになります。たとえあなたが今、絶望という沼の底にいたとしても、そんな野望を抱けたのなら、近いうちに必ず浮かび上がっていくことができるでしょう。

仕事や自己実現の場ではもちろん、恋愛でも、唯一無二の存在になりたいときは、とにかくほかの人たちとの差別化が大事。自分は世界にたった一人の存在なのだと周りに認識されることが重要になります。

そのためには、**二つ以上の特技やアピールポイントをかけ合わせてください**。例えば歌も上手でゲームもレベルが高いとか、スポーツと料理ができるうえに国家資格を

持っているとか、ゆるふわな雰囲気なのにどんどん稼ぐとか、そんなふうに**自分の強みをいくつか洗い出して、そのかけ合わせをあなたのアイデンティティにする**のです。

もちろん、それぞれの特技のレベルが高いに越したことはありませんが、まずはほんの小さなところからで良いのです。自分の魅力の棚卸《たなおろ》しをするつもりで、セールスポイントを見つけていきましょう。その強みを磨いていくうち、どんどん替えの利かない存在になっていきます。

あるいは逆に、**飛び抜けて苦手なものがあるなら、それをアピール材料にしてもいいんですよ。**芸能人でも、歌や絵、スポーツなどが苦手なことを売りにしている場面をよく見かけますよね。

もちろん自分が苦痛なことをあえてやる必要はありませんが、誰にも負けないほどの超マイナスポイントがあったら、それはそれで魅力になるのだということを覚えておきましょう。要はオリジナリティを出すことが大事なのですから、それが印象に残るのであれば、できないことであっても良いのです。

そして自分の魅力をアピールするときは、ちょっと抜けている雰囲気や突っ込まれる隙をつくること。それがさまざまな場面で愛される秘訣です。「私、すごいでしょう」という自信満々の見せ方ではなくて、**周囲の人からいじられるくらいの雰囲気をまとっていたほうが絶対にいい。**みんなが自分を突っ込めるように誘導できる人は、どこの世界でも愛されます。

もちろんカリスマ性をブランドにしているような人は、あえて偉そうな態度でいることが求められたりもします。でも一般的な社会では、やっぱり愛されて突っ込まれるような隙をつくったほうが大成しますよ。

複数の特技のかけ合わせ、そしてどこか放っておけない、応援したくなるような可《か》愛《わい》げ。これを持ち合わせている人は、無敵と言えます。

Sum up!

どの世界でも通用するのは愛されるための隙

Section 26

謙虚な自分と決別すべきときもある

これまでにもお伝えしてきたように、謙虚さはとても大切なもの。人の意見に耳を傾けたり、あるいは素直に助けを求めたりする姿勢は人間関係において欠かせないものですし、良い運気も呼び込みます。

けれど、どんなときでも謙虚でいればいいというわけではありません。人生には時に、意地でも自分の信念を通さなければならない場面があります。勇気を持って試練に立ち向かわなければならない、勝負のときがあるのです。

日頃から勘を磨いておくと、ここは絶対に流されちゃダメだ、譲っちゃいけないところだということに鋭く気づくようになります。そのときには、普段は尊《たっと》ぶべきあなたの謙虚さを、バッサリと断ち切りましょう。運命を切り開くときには、遠慮はアダとなるからです。謙虚な自分、あるいは主張することを恐れる弱い自分を、切り裂かなければなりません。

大事なときにきちんと戦うためには、心の中に剣《つるぎ》があることをイメージしておきましょう。そして、その剣を日頃から磨いておくイメージをし、ここぞというときに心の中で鞘《さや》から剣を抜いてください。特にスサノオノミコトが大蛇を退治したときに用いた十拳剣《とつかのつるぎ》や、イザナギノミコトとイザナミノミコトが日本列島を生み出したときに突き立てた天沼矛《あめのぬぼこ》のような、伝説の剣をイメージすれば、より強力なパワーを得られると思います。

いざというときに怯《ひる》んだり、一歩引いてしまったりしては、人生の大事な場面でチャンスを掴みとることはできないのです。**心の剣で気後れする自分を断ち切り、信念を貫いて運命を掴みとってください。**

また、心に隠し持つ剣だけではなく、実際の剣でも運気を高めることができます。観光地で買えるような剣のミニチュアやストラップのようなものでも、十分に効果はあります。

私は自分の部屋の鬼門《きもん》にレプリカの刀を飾っています。鬼門とは、変化や停止を表す北東方位を意味する、古来より凶方位とされることが多い方角のこと。ここに刀を置くことで、流れ込んでくる悪い運気を断ち切っているのです。もちろん、折に触れて目にすることで、自分の弱さを振り払う効果もあります。

刀の実際の素材は何でも良いのですが、金属製に見えるものが良いでしょう。魔を断ち切る象徴ですから、鋭く、硬質《こうしつ》な印象を与えてくれるほうが心理的な効果をもたらします。また、関東に住んでいる人には、伊達政宗の愛刀のレプリカをおすすめします。関東から見ると仙台藩のあった地は北東の方角。そこで購入した刀を部屋の鬼門（北東）に置けば、魔除《よ》けになりますよ。

あなたはあなたの人生の勇者です。だから「弱い自分」という魔物を倒し、伝説をつくっていかなければなりません。磨き上げた剣で迷う自分と決別し、あなただけの道を突き進んでいってください。

Sum up!

心の中に隠し持った剣で運命を切り開く

Section 27

職場では「仲良しこよし」なんていらない

今現在、何らかのお仕事をされている読者の方も多いと思います。仕事で成果を出したいな、成功したいなと思っていても、職場の人間関係でつまずくと一気に意欲をそがれますよね。ハラスメントの被害者になってしまったときなどは、本当に絶望的な毎日だと思います。

もちろん心身が保《も》たないときは、その会社にはさっさと見切りをつけて退職し、自分を守りましょう。でも今後しばらくその場所にいるのであれば、そもそものスタンスを変えることで心を楽にすることができます。

人間関係で悩んだときは、会社に仲良しごっこを求めるのをやめましょう。「周りの人間は全員、敵」と思うくらいでいればいいのです。

もちろんいきなり反抗的な態度をとったり無愛想になったりすると、自分の立場が危うくなるのでそこは注意します。あえて一匹狼のキャラクターを立たせる方法もありますが、ほとんどの人には難易度が高いでしょう。だから表面上はこれまで通り節度のある態度を保ちつつ、心の中ではっきりと線引きをし、自分の領域にバリアを張るのです。

なまじ、会社で好かれたいとか、仲間をつくりたいとか思うから悩むのです。**職場はビジネスの場。仲良しこよしをするところではありません。**そうやって割り切れれば、人間関係に悩んで心を消耗《しょうもう》することが大幅に減ると思います。

あるいは今、理不尽な扱いを受けて悔しい思いをしているのなら、その反骨心を燃料にしてください。**「こんな会社辞めてやる」という思いを武器に自分を磨き続ける**のです。実績を積むでも、スキルを磨くでも、資格の勉強をするでも、外部の人脈を広げるでもいい。虎視眈々《こしたんたん》と、次の場所に移動するための準備を進めていきましょう。恋人に振られたときが最高の復讐の始まりであるように、理不尽な扱いを受けた瞬間も同じく、あなたの復讐のストーリーが幕を開けます。もっと自分が輝ける場所に巡り合うため、悔しさをバネに能力を高めていく。人間関係に絶望している人ほど、会社を利用し、踏み台にしていくという考え方を大切にしてください。

そういう想いを秘めて一人戦っていると、そのうちあなたのエネルギーに呼び寄せられて、同じ気持ちの人たちが自然と集まってくるようになります。そこでやっとあなたの孤独な戦いが終わりを告げるのです。共鳴《きょうめい》できる人たちと共に時間を過ごすうち、会社に愛情を持てるようになって、もう少しここにいてもいいかなと思うようになるかもしれません。残るのか、辞めるのか。どちらにしても選択権はあなたにあります。

その境地《きょうち》に行き着くためには、まずは孤独でもいいんだと割り切ることから始めましょう。「会社の人たちとうまく付き合わなきゃ」という固定観念を捨てることが、あなたを違う次元へと連れて行ってくれます。

Sum up!

「こんな会社辞めてやる」の
気迫が自分のステージを
上げてくれる

Section 28

「生」の儚《はかな》さを意識することで踏み出せる

運気を変えて幸せになりたいなら、変化を起こさなくてはなりません。そして変化を起こしたいなら、アクションを起こさなくてはなりません。

もちろん、人生には、「静」でいるべき時期もあります。ひたすら充電したり、自分の世界に閉じこもったりすることも時には大切です。でもその時期が終わりを迎えたら、踏み出さなければならないのです。自分を変えてチャンスを手に入れたいなら、行動よりほかに大切なものはありません。

「自信がないから」「お金がないから」「仕事が忙しいから」「親の介護があるから」というように、もちろん、人それぞれに事情があるでしょう。でもそれを言い訳にしてはいないかな、自分を甘やかして逃げているだけではないかな、と一度考えてみてほしいのです。

踏み出す勇気を持つために必要なのは、一日一日を真剣に生きる覚悟です。**今日という日を惰性《だせい》で生きるのではなく、まるで人生最後の一日であるかのように生きる。**そういう覚悟と気迫を持っていると、人生の過ごし方が変わります。

生の儚さ、尊さを知っている人は、自然とそういう生き方ができる人たちです。例えばかつて大病したことがあるなど、一度死ぬような経験をしている人には圧倒的な強靭さがあります。「あのとき助かった命だから、後悔しないような生き方をしよう」というメンタルを持ち合わせているから、一日一日が、覚悟と勇気にあふれています。そういう「今日一日を真剣に悔いなく生きる覚悟」のようなものがある人は、決断力があり、運命を大きく動かすことができるでしょう。

だから**深く絶望したほうが良いのです。一度すべてを失ったあと、人は価値観や人間性を大きく変えて生まれ変わるとともに、強く生きる覚悟を抱くからです。**

日常のなかでそういう覚悟を養うためには、あえてちょっとハードな体験をしてみるといいですね。もちろん無理のない範囲で良いのですが、スポーツでもレジャーでも、これまでの自分にはなかったようなものを取り入れると、「命を燃やす」ような感覚が研ぎ澄まされると思います。

あるいは任侠《にんきょう》映画を観るのもおすすめ。常に死と隣り合わせの、極限状態の登場人物たちを観るうちに、覚悟を持って生きるという精神性が乗り移ってくるかもしれません。そうなれば自分を甘やかしてばかりはいられない、という衝動が湧いてくるでしょう。

こういう感覚は自然のなかでも得られるもの。例えば夏のわずかな期間、燃えるように鳴いたあと命が尽きていくセミや、美しく咲き誇ってあっという間に散っていく桜などに自分を重ねてみてください。私はいつ咲いていつ散るのかな、どんな散り方をするのかな、と真剣に考えることで、「生きる覚悟」というスイッチが入ることでしょう。

Sum up!

今日という日を
真剣に生きる覚悟が
あなたの花を咲かせる

イマジネーションで夢と幸せを手繰り寄せる

column 3

スピリチュアルなエネルギーを高める天空の「神殿」

神殿は神様にもっとも近く、スピリチュアルなエネルギーに満ちた空間。霊的エネルギーを高めたいときは、想像のなかで天空に浮かぶ神殿に行ってみましょう。

部屋の電気を暗くして仰向《あおむ》けになったら、足の指先、手の指先、頭のてっぺんにエネルギーがあるのを感じましょう。そのエネルギーを、お腹の丹田《たんでん》（おへその少し下のところ）に集中させてください。そこからあなたの魂が抜け、どんどん上空へと上がっていく想像をします。何か見えてきませんか？　雲の隙間から階段が見えてきたら、それを上っていきましょう。それが神殿へと続く階段です。何も現れてこないのは、まだ霊的な力が高まっていないということ。もう一度、エネルギーを丹田に集めるところから挑戦しましょう。

神殿にたどり着いたら、修行するもよし、充電するもよし。エネルギーが高まったと感じたら肉体へ戻ります。こんなふうに定期的に心の神殿に訪れるようにすれば、直感力が磨かれ、不運を避けるために重要な違和感やサインに気がつきやすくなります。

Chapter 4

見えなくても確かに存在する力を信じる

～スピリチュアリズムを高めて幸運の神様を振り向かせる～

Section 29

「いつも全力じゃなくていい」で運気を守ろう

人が使えるエネルギーの総量は決まっています。肉体的、物理的にはもちろん、スピリチュアルな視点から言ってもそうなのです。

だから、力の入れどころ、抜きどころを見極める要領の良さ、ある意味ではずる賢さはとても大事になってきます。いつも全力じゃなくていいんです。むしろ、いつも全力でやろうとしたら、大事なときに実力を発揮できなくなってしまいます。

言葉は悪いかもしれませんが、**「ここはそんなにがんばらなくてもいい場面だな」と思ったら、上手に手を抜くような術《すべ》を身につけてください。**使用するエネルギーを最小限に抑えて力を温存するのです。こうしてエネルギー量を調整するからこそ、ここぞというときに力を出しきることができます。

成功している人、大きな夢を叶えているように見える人ほど、こういったバランスの取り方が上手です。いつでも100%の力でぶつかるのではなく、時には手を抜く柔軟さも覚えていきましょう。肝心なところでエネルギー不足になってしまったら、チャンスを逃してしまいます。

この本の読者は、真面目で、どちらかというと損をするタイプの方が多いのではないでしょうか。例えば職場で人に雑務を押し付けられたり、仲間うちで面倒な役割をお願いされたり……そういうときに断れない、いわゆる「人のいい」方が多いかもしれませんね。

何かを頼まれたとき、心からやりたいと思うならもちろん快く引き受ければ良いと思いますが、気持ちが塞《ふさ》ぐなら対策を考えましょう。ほとんどの場合、頼まれるタイプの人は、頼むタイプの人よりも運気が下がってしまうものです。それは気の進まないことに自分の大事なエネルギーを消費しなければいけないから。いわば押しつけるタイプの人の肩代わりをさせられているのです。

だからうまくかわす方法を模索するなり、断る勇気を持つなりして、あなたの大事な運気とエネルギーを守りましょう。

幸運のチャンスは緩《ゆる》んだときにやってきます。神様は人間のリラックスした状態が大好きです。私も良いアイディアが浮かんでくるのはいつも、お風呂に入っているときやくつろいでいるとき、眠りに落ちるときなどです。

だからこそ、**意識的に力の抜いた状態をつくってください。**四六時中、肩に力が入っていては、幸運の入り込む隙がなくなってしまいます。

「いつも全力じゃなくていい」を合言葉に、時には力を抜いて、ゆるく生きましょう。

Sum up!

時には手を抜くずる賢さが
幸運を呼び込む

Section 30

私の怒りは、神様の怒り

世の中には自分と合わない人がいるのが当たり前です。自分を抑え、折り合いの悪い人と無理やり人間関係を構築しようとしても、どんどんストレス指数は高まる一方ですよね。

どうしても合わない人とは、無理に合わせる必要はありません。ニューノーマルな時代が訪れてテレワークも多くなった今、直接、顔を合わせることも減っていることでしょう。だから「あの人とは、必要以上に深く関わらなくていいってことなんだ」とすっぱりと割り切りましょう。

それが叶わず、理不尽なことをされてストレスが爆発しそうになったときは、怒ってください。上司であろうと先輩であろうとかまいません。もちろん、些細《ささい》なことにいちいち目くじらを立てるのではありません。これはもう絶対に許せないというようなことをされたとき、**自分の尊厳をひどく傷つけられたときには怒りを表明する**のです。そういう場面では思いっきり感情を解放して、怒りを爆発させてください。なぜなら、その怒りは「神様の怒り」だからです。

あなたが怒るのは、神様があなたに「怒れ！」と言っているからです。例えばあなたがずっとパワハラを受け続け、「もうこの会社にはいたくない」と思いながらも我慢しているとしましょう。その悲痛な心の声を聞いた神様は、「そこにいてはいけないよ」とあなたに伝え続けているのです。けれども、神様の言語と私たち人間の言語は違うため、神様の言葉はあなたには理解できません。そこで、神様はストレスという形であなたにサインを送るのです。とうとう神様の堪忍袋《かんにんぶくろ》の緒が切れたとき、あなたの堪忍袋の緒も切れます。そう、**あなたの怒りは、神の怒りそのもの**なのです。

もし怒りを爆発させたことでクビになってしまったとしても、心配ありません。**「絶対に次が見つかる」と信じていれば、神様がもっとあなたに合った、新しい職場に引き合わせてくれます**。

「いや、私はこの仕事が好き。ここで頑張りたい」という場合も大丈夫です。「まずい、取り返しがつかない」と思ったら、それもまた神様からの贈り物。あなたは、相手や周りに対して、その後、自分でも驚くほど優しくなれます。むしろ、あなたにとっての人間関係を改善する、良い機会になるでしょう。

怒ることを覚えると、周りの目を気にして抑えていた自分を出していけるようになり、今の人間関係の悩みも解消されていきます。

ただ、悩みの解消は一時的なもの。いったんはすっきりしても、今度は違う悩みが出てきます。それは、悩みが解決して楽になると、神様が「次は、こっちの悩みにしよう」と、次の「課題」を与え、私たちが日々の生活でやるべきことを見失わないようにするからなんです。

悩みのない人はいません。尽きることもないでしょう。一瞬、「何も悩みがなくて幸せ」と思うかもしれませんが、そのあと何かしらの悩みは必ず出てきます。なので、「悩みは神様からのプレゼント」と思えるようになると、神様との共通言語も構築され、楽な気持ちで日々を過ごせるようになるでしょう。

Sum up!

怒りは神様が
あなたを通じて
表明しているもの

Section 31

自分のエネルギーを信じることで、願いが叶う

私たちには誰にも本来、スピリチュアルな能力が備わっていて、それを意識的に使うことができます。使い方をマスターすれば、あなたの願いは叶い、今よりもっと幸せな人生を送れるようになります。

恋愛でも仕事でも、**願い事を叶えたいなら、自分の霊体としての力を信じることがスタート**。自分は夢を叶えるための能力が備わっている、スピリチュアルな力を持った存在なのだと確信することからすべては始まります。そしてその霊的なエネルギー（念）を正しい方法で外部へと送り出すことで、自分にとって必要な人や仕事とつながることができるのです。

念を送り出すときは、難しいかもしれませんが、自分の欲望や意思を消してください。

「絶対に叶えたい」と執着したり、あれこれ事細かにイメージしすぎたりすると、「気」が強くなりすぎて、グサッと刺さるような細く尖《とが》った念が飛んでいってしまいます。そうすると守護霊同士でつながるソウルメイトや運命の相手が、不快感から本能的にその念を避けてしまい、届かなくなってしまうのです。

だから幸せになりたいときこそ、強い執着や必死の思いは封印。鋭利《えいり》なエネルギーを送る代わりに、**柔らかくて温かい「愛のエネルギー」を送りましょう。自分の霊体が持つ力を信じて、完全に委ねる。そんなゆったりとした心持ちで、念を送り出しましょう。**

恋愛運をアップさせたいときは、暖かく柔らかい赤い毛糸をイメージします。あなたの頭の先から、ふんわりとした赤い毛糸がゆっくりと伸びていき、天高く飛んでいきます。そして、自分と縁のあるすべての人のところへ赤い毛糸が四方八方、飛んでいくイメージを持ちましょう。このとき大切なのは、特定の誰かを想像しないこと。あなたの運命の相手はどこにいるかわからないのに、限定してしまっては、その人につながらなくなってしまいます。

プロジェクトを成功させたい、活躍したいなど、仕事にまつわる夢を叶えたいときも要領は同じ。会社に光が絡みついて包み込むようなイメージを持つと良いでしょう。このときも攻撃するような尖った念ではダメ。会社がバリアを張って、あなたのエネルギーを跳ね返してしまいます。今にもビルを突き破りそうなものではなく、温かい光で包み込むような、愛にあふれたエネルギーを送るようにしましょう。

どちらの場合も、木、草花、鳥、山、大地、海、川、滝、そして星々などの自然にもエネルギーを飛ばすことが大事なポイント。自然界のものをイメージし、それらとエネルギーを交流させてください。さらに心を無にして、風にそよぐ木の葉の音、東の水平線から昇ってくる太陽の光、打ち寄せる波の音などを感じて、「つながろう」と思ってください。自然の力があなたのエネルギーを一層、高めてくれます。

Sum up!

柔らかく温かい
愛のエネルギーを送って
運命の人とつながろう。
そして、自然と一体となり
霊性を高めよう

Section 32

日常には念や呪いがあふれている

昔から人々は呪術的なものに強く惹《ひ》かれてきました。科学では証明できないにもかかわらず、「念」のような力が存在することに、直感的に気づいていたのです。ですから呪術を取り入れたエンターテインメント作品は、定期的にブームを巻き起こしますよね。

「呪い」というと丑《うし》の刻参りのような儀式が必要なように感じますが、実はもっと身近なもの。ちょっと怖がらせてしまうかもしれませんが、私たちも日常的に、呪ったり呪われたりしています。

以前、私がある番組の収録で、どうしても会いたくない人と共演しなければならなくなったときのこと。もちろん意図的にどうにかしようとしたわけではありませんが、ずっと「嫌だな」「行きたくないなぁ」と強く思い続けていたところ、収録当日の昼に、相手が高熱を出したという連絡が入り、急遽《きゅうきょ》収録が中止になってしまいました。

このようなことはあらゆる場面で頻繁《ひんぱん》に起きています。人の思いには力があり、念は飛ばすことができるのです。それは隔《へだ》たった空間を難なく越えて働きかけます。だから強いストレスを感じていると、その念により物事が予定通りに進まなくなったりするのです。

ふと誰かのことを思い出したり、連絡してみようかなと急に思い立ったりすることがみなさんにもあると思いますが、それは、相手があなたに念を送っているからです。

私も仕事相手のことを考えて「そろそろあの話をしないと……」と思った翌日に、その人から連絡が来たりします。これは私が無意識に送った念を相手が受け取っているからです。**すべての人の潜在意識は「集合的無意識」の領域でつながっているので、こういったテレパシーのようなことも可能になる**のです。

実体がないのでにわかには念や呪いの存在は信じられないかもしれませんが、それならば私たちの周りを飛び交っているWi-Fiの電波や、電子レンジの中に発生する電磁波などはどうでしょう。電波も電磁波も目には見えないけれど、メールを送ったり動画をダウンロードしたり、料理を温めたりする力を持っていますよね。**念や呪いも同じこと。この目で捉えることは決してできなくても、確かに存在する力なのです。こういうものの存在を感じることで、自分のスピリチュアリズムは高まり、より良い人生を築いていけます。**

「人《ひと》を呪《のろ》わば穴二《あなふた》つ」と言われるように、誰かを不幸にするために故意に呪うようなことは決してしてしてはいけません。それは自分に返ってきてしまいます。そんなつもりはなかったのに相手の体調などを悪化させてしまった場合は、あなたの思いが意図せず解き放たれてしまっただけなので、必要以上に気に病まないようにして自分を守りましょう。

そして、身に覚えがなくても、知らずに誰かの恨みを買っている可能性は誰にでもありますので、日常的に魔除《まよ》けやお祓いとなる行動を心がけるといいですね。お風呂に塩や日本酒を入れたり、慈善活動をしたりするのも効果的です。そして常に謙虚さを持ち、感謝の気持ちを忘れないようにしましょう。そうすれば、呪いや念などによる不運に巻き込まれることはないはずです。

Sum up!

目に見えないものの存在を信じてスピリチュアリズムを高める

Section 33

あなたの8割は無意識でできている

人間の行動の8割を決めているのは、「無意識」です。私たちは普段、一生懸命頭で考えて行動したり、自分をコントロールしたりしているように感じますが、実はほとんどこの「潜在意識」とか「無意識」と呼ばれるものに支配されているのです。

だから頭ではどんなに元気だと思っていても、無意識の部分でストレスを感じていたらそれが心身の不調となって表れてしまいます。あるいは自分は幸せだといくら言い聞かせていても、潜在的な部分で不満を感じていたら、いずれそれが大きな問題となって表面化したりするかもしれません。

意識は一つですが、無意識は無数の小さな粒たちの集まりだと考えてみてください。いくら頭を納得させたとしても、あなたの大部分を占めるこの小さな無意識たちが満足していないと、体にも心にも、そして運にも大きな影響が出てしまうのです。

幸せを掴むためには、あなたの無意識を安心させてあげましょう。

そのためにも、神社やパワースポットを訪れると良いのです。例えば経営者の方たちは、定期的にこういった場所に行く人が多いです。「迷信だとは思うけど」「気休めだけど」と思いながらも習慣づけているのは、無意識のレベルでそこに行ったほうがいいとわかっているからで、彼らの「意識」ではなく、「無意識」たちがそうさせているのです。自分を占拠《せんきょ》する、小さな無意識の粒たちを納得させるために彼らは参拝しています。

あなたもぜひ、神社やパワースポットなど、スピリチュアルなところを訪れて無意識を安心させてあげましょう。意識では半信半疑でも、無意識たちは「わっ、ここに来られて嬉しい」「おっ、安心する」と、テンションが上がって満足します。**無意識たちがご機嫌になると、そのパワーは必ずあなたに良い影響をもたらしてくれます。**

ポイントは、お金と時間をたっぷり使って過ごすこと。神社ではお守りを買い、御朱印《ごしゅいん》ももらいましょう。近くにお店があれば、そのお店で飲食するのもおすすめです。良い運気を体内に取り込んで持ち帰れます。龍神様《りゅうじん》や天狗様《てんぐ》を祀《まつ》ってあったり、お稲荷《いなり》さん、摂社《せっしゃ》があれば、そちらにも行ってみましょう。境内に自動販売機があれば、そこでドリンクを買って、神社のベンチでゆっくり飲んでください。ぶらぶら散策するのもいいでしょう。

ちょっと多いかなと思うくらいのお金を使い、十分な時間をとってゆったりと過ごすほど、無意識たちも安らぎを感じて安心します。お賽銭《さいせん》も、少し痛いと感じるくらいの金額のほうが無意識たちは満足します。

こんなふうに普段から無意識たちを安心させていると、いざというときに結集して「意識」を押し上げ、勇気のスイッチを押してくれます。不安で踏み出すことができないときや、チャレンジする勇気が出てこないとき、無意識たちを味方につけていれば、サポートしてもらえるでしょう。

Sum up!

幸せになりたいなら
あなたの「無意識」たちを
安心させてあげる

Section 34

あなたの無意識は世界中とつながっている

無意識についてさらに詳しくお話ししましょう。私たちの無意識は、深いところでみなつながっていて、これを「集合的無意識」と言います。古い時代、世界各地で同じように龍を倒す物語、「ドラゴン伝説」が生まれていました。日本では「ヤマタノオロチ」です。このような言い伝えが生まれたのはなぜでしょう。それは違う国の人同士が、この集合的無意識を通じて同じ情報や感覚を共有していたからです。現代で言う「クラウド」です。そこにアクセスすれば、みんな情報を共有できます。

集合的無意識の中では、全人類がつながっています。だから誰かが「こんなものがほしいな」と思っていたらそれが商品化されたり、「私はこう思う」と思っていたら、同じ考えを別の人が話し出したりするという現象が起きるのです。

あらゆる願いはこの集合的無意識にうまくアクセスすることで叶います。例えば世の中で求められるような事業をしたいなとか、ヒット商品を生み出したいなとか、あるいは自分が求めている人に出会いたいなとか、そういう願いがあるのなら、前の項目でお話ししたような方法で、普段から自分の無意識たちを安心させておいてあげることが大事。集合的無意識から必要な情報を拾い上げるのは、あなた個人の無意識たちだからです。

また、スピリチュアル界で有名な「アカシックレコード」という言葉を聞いたことはありますか？　アカシックレコードとは宇宙のすべての知識の貯蔵庫のようなもの。地球はもちろん、地球上にはない、ありとあらゆる知恵や情報が結集しているところです。ここにうまくアクセスすることができれば、必要な情報を手に入れることができます。

集合的無意識もアカシックレコードも、あなたが持ち合わせている常識を難なく超えさせてくれるもの。コネクトすることで、思いもよらなかったアイディアや発想、情報などが自然と降りてくるようになり、それがあなたを幸運へと導きます。

そのためには、日頃から「つながりやすい」自分をつくっておきましょう。自分の額《ひたい》に、「第三の目」があるようなイメージを持っておくのです。この目は、時空を超えて、三次元・四次元のような、これまで知らなかった世界を見るためのものです。**自分にはこういう目があるのだと思っておくと、限界や常識を超えて、不思議な世界にアクセスできるようになります。**

第三の目を意識することができたら、リラックスする時間を日常的に持つようにしてください。**不思議な世界には、あなたがゆるんだ瞬間につながるもの。**私もこの本で伝えたいことのアイディアが、お風呂に入ってゆったりしているときに浮かんできたりしました。

夢、あるいは悩みがあるのなら、自分だけで解決しようとするのではなく、宇宙の壮大な力を借りるという意識を持ってください。人によっては、天使や妖精など、神秘的な存在からメッセージを受け取れるかもしれません。「つながるトレーニング」を重ねた先に、そんな不思議な体験があなたを待っています。

Sum up!

限界も常識も超えて不思議な世界にアクセスすることが幸運を引き寄せる

Section 35

霊的能力を高める、33秒の宇宙旅行

不運が訪れるときも、幸運が訪れるときも、そこには必ず何らかのサインがあります。そこに気づけるかどうかがあなたの運命を握ります。

その直感を磨くためには、スピリチュアリズムを高めましょう。もちろん、持って生まれるものは人それぞれですが、**霊的な力は、トレーニング次第でいくらでも磨くことができます**。霊力が高まると、連絡しようかなと思うと、その相手から連絡が来るようになったり、偶然や幸運が重なる現象が起き、物事が起こるタイミングが良くなったりします。また、虫の知らせを受け取ったり、「何かおかしい」「何か変だ」という違和感を覚えたりするようになり、危機察知能力も高まります。

ここで、あなたの神秘的な力を高めるための素敵なトレーニングを一つ、ご紹介しましょう。それは「イメージのなかでの宇宙旅行」です。想像のなかであなたは魂になって、壮大な宇宙へと飛んでいくのです。そこで見えたビジョンや感じたものが、今のあなたへの宇宙からのメッセージです。

まずベッドに横たわって静かに目を閉じてください。そしてあなたの魂が体から抜け出し、天井を突き抜け、屋根を抜け、雲を掻《か》き分けて宇宙空間へ飛び出すイメージをしましょう。眼下に地球が見えますか？　でもまだ旅は始まったばかり。周りの星々を眺めながら、月、水星、金星、火星、木星、土星、天王星、海王星、冥王星を通って、さらに天の川銀河を抜けて宇宙の果てへと向かいましょう。

旅の途中では、寒さや暖かさなど、さまざまなことを感じるはずです。人によっては、アクシデントに遭遇するかもしれません。

寒さを感じた人は、愛する人が必要なのかもしれません。暖かく感じた人は、現状には満足しているということですので、次なる目標を見つける必要があるのかもしれません。ハラハラした人は、何かに対してプレッシャーを感じているのかもしれません。一度、自分の気持ちとじっくり向き合ってみると良いですね。

もしもブラックホールに吸い込まれたら、それは逃げることばかりを考えているのでは？　というサインかもしれません。あるいは違う惑星に着いてしまった人は、何かのせいにして生きているのでは？　というサインかもしれません。こんな宇宙からのメッセージを、ぜひ受け取ってみましょう。

そして最終地点の宇宙の果てに着いたら、33秒数えてください。「33」は私たちのズレを正してくれる数字。地球は太陽の周りを1年かけて公転していますが、その際に太陰暦《たいいんれき》では33年で1年分の誤差が生まれています。私たちはこの誤差によって、心に迷いが生じたり、必要な出会いを逃してしまったり、願いを叶えられなかったりするのです。だから「33」秒を数えることで、その誤差を埋め、宇宙と一体化しましょう。それが終わったら、もといた場所へと戻ります。

宇宙旅行はいかがでしたか？　私たちは無限の空間と可能性が広がる宇宙の中で生きています。こんなふうに日常的に宇宙を訪れて心を解放させる感覚を磨くと、霊能力がどんどん高まっていくことでしょう。

Sum up!

魂となって
宇宙の彼方へ
飛び立とう

Section 36

落ち込んだときはクラゲの動画で運気アップ

ふわふわと水中を漂うクラゲ。幻想的で優美な雰囲気に、疲れた心も癒されますよね。一定のリズムで傘を開いたり閉じたりする様子を見ているうち、まるで赤ちゃんがお母さんの鼓動を聞くときのような安心感を抱くことでしょう。

なかなか元気が出ないときは、ぜひクラゲをじっと見つめて心をいたわってあげましょう。水族館で実際に見るのはもちろん、動画でも十分な安らぎの効果がありますよ。

そしてスピリチュアル的にも、**クラゲは落ち込んだあなたに幸運をもたらしてくれる**存在なのです。

もし、ぐるぐると円を描くように動くクラゲを見ることができた人は、幸運です。円を描くということは、「循環」を表します。物事が巡って移り変わることを意味します。だから**あなたが今、絶望の底にいるとしても、それは時と運気の循環の中で、必ず終わるということを教えてくれている**のです。運気が悪いときに動画でクラゲがぐるぐると円を描くのを見つけたら、もうすぐ流れが変わるサインです。

クラゲはとても不思議な生態を持ち、特にベニクラゲは「不老不死の生き物」とも呼ばれています。このクラゲは、自分の力でiPS細胞のようなものを作り出すことができる種属。つまり、一つの個体から、自分とまったく同じ遺伝子を持つ無数のクローンを生み出して、若いクラゲに生まれ変わることができるのです。だからクラゲのパワーを借りれば、もっと元気になりたい、長生きしたい、きれいになりたいという願いを後押ししてもらえます。

気力がないときはぼんやりと動画を眺めているだけでも良いでしょう。でも、余力があるなら、あなたの「気」をクラゲと一体化させ、一緒に泳いでいるイメージをしてみましょう。**クラゲと自分が共鳴し合うイメージを持っていると、あなたの細胞も**

刺激され、クラゲの神秘的な力を取り込めます。その結果、心も体も若々しくいられます。お肌もどんどんきれいになってきますよ。そのアンチエイジング効果や美肌効果は、どんなお手入れよりも期待できるかもしれません。

風水的に見ると、ふくろうの置き物を玄関に置くのもおすすめです。玄関は「気」の取り入れ口ですから、「福来る」のふくろうを置いておくと、福を呼び込めます。また、ふくろうは「不苦労」でもあるので、トラブルや悩みも跳《は》ね除《の》けてくれることでしょう。
生物の持つ神秘のパワーを借りて、さらに幸運を呼び込みましょう。

Sum up!

クラゲと一体化して
泳ぐ想像をして
もっと美しいあなたになろう

Section 37

龍はいつもあなたを見守っている

龍の物語やドラゴン伝説は世界中にあります。古代中国の秦《しん》の始皇帝は龍をとても愛したと言われますし、日本でも神社をはじめ、さまざまなところに龍が祀られていますよね。龍やドラゴンをテーマにした作品にも、熱烈なファンがたくさんいます。

人間が龍に畏怖《いふ》や敬愛の念を抱き、その存在に思いを馳《は》せるのは世界共通のことです。それは、「龍には不思議な力がある」という感覚が、生まれたときすでにDNAに刻まれているからです。「龍は私たちに幸運をもたらす存在」「運を上げてくれる存在」という先祖からの記憶が、私たちにもしっかりと受け継がれているのです。

姿が見えなくても龍はあなたの周りにいて、いつでもギフトを授けようとしてくれています。彼らは私たちの力になりたくてたまらないのです。

そのギフトを受け取るためには、琴の音を聴くのがおすすめ。なぜなら琴は龍になぞらえて作られた楽器だからです。その音色は天と地をつなぎ、人の想いをつなぐとも言われるもの。**心静かに琴の音に耳を傾けていると、あなたをサポートするために龍が飛んで来ます。**そしてあなたの秘めたる想いをあの人のもとへ届けて橋渡ししてくれたり、これから進むべき道を教えてくれたり、今のあなたに必要なサインを送ってくれたりするでしょう。

龍自身があなたにアドバイスをくれるときは、「こうするといいよ」と直接的に伝えるのではないのが粋《いき》なところ。龍は、あなた自身が「あっ、こうしようかな」と思いついたように仕向けてくれるのです。琴の音を聴いているときにあなたの頭に浮かんだひらめきは、龍が授けてくれたメッセージです。

琴の音楽は、古典でも、現代の曲でもかまいません。聴くときは「龍を見よう」と意気込んだり、「一体どんな龍かな」とイメージしたりしないほうが良いでしょう。視覚での情報を期待してしまうと、力んでしまったり、思い込みが入ったりして龍本来のメッセージを受け取ることができなくなってしまいます。琴の音色に浸ってゆったりと自分を解放し、第六感を覚醒させて、龍の存在を感じ取ってください。そうするなかで頭にぱっと浮かんだ龍の姿は、音色に乗ってやってきたあなたへのギフトですから、大切に心に留めてください。

龍はさまざまなものに姿を変えて、あなたを見守っています。雲、立ち上る煙、滝つぼの水しぶきの中に龍の存在が見えたときは、これからあなたのもとに幸運がもたらされるサインかもしれません。できればその姿を写真に収めて、スマホの待ち受け画面にしたり、自宅に飾ったりすると良いでしょう。

あなただけの方法で、龍からのギフトを受け取りましょう。

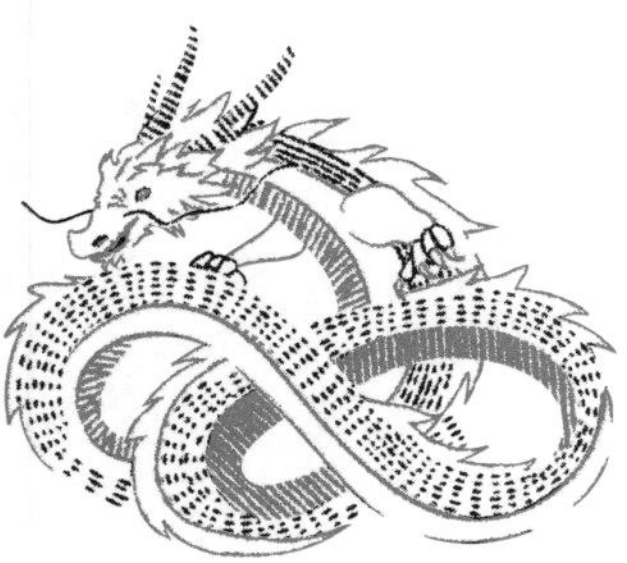

Sum up!

美しい琴の音があなたに龍の姿を浮かび上がらせる

イマジネーションで夢と幸せを手繰り寄せる
column 4

神様とあなたをつなぐ「心の神社」で霊感を高める

神社は、神様とあなたをつなぐ場所です。キリスト教徒が心の内《うち》にイエス様を住まわせるように、心の中に自分自身の神社を持ちましょう。

眠りにつく前は、その神社をイメージします。一礼をして鳥居をくぐり、参道を進んでいきます。周りに緑の樹木が生い茂っている様子まで、臨場感たっぷりにイメージしましょう。御神木が見えてきたら、直接触れるのではなく、木から3㎝くらい離れたところで手のひらを広げて、気を感じ取ってみてください。続いて拝殿です。オーブは見えますか？　鈴を鳴らしてお賽銭を入れて、二礼二拍手一礼したら、何か聞こえてきませんか？　神様からのメッセージを通して、あなたの霊能力が高まるかもしれません。前世の記憶が呼び覚まされたり、夢の中でお告げを聞いたり、もしくは翌朝何かしらの気づきがあったり、守護霊の声が聞こえるようになったり、龍を目撃することができたり、来世の自分からのサインを受け取ったりすることができるかもしれません。

寝る前の儀式として、心の中の神社にお参りするようにしましょう。気分や運気を上げてくれる神秘的な空気を感じるたび、あなたの霊感はどんどん高まります。

Chapter 5

人生は自分をつくり上げていく壮大なドラマ

〜あなたの使命は挫折の先にある〜

Section 38

決断力を高めると予知能力が身につく

人生は常に「選択」の連続です。就職や結婚など、人生の大きな場面での選択が重要なのはもちろんですが、エレベーターに乗るか階段を使うか、あのお店に行くのは今日にするか明日にするか、といったほんの小さな選択だって、間違いなく運命の分岐点。そのたった一つの選択が、その後の未来をガラッと変えてしまうことだってあるからです。

パラレルワールドという言葉を聞いたことがあると思いますが、あなたの選択によって変わる無数の世界があるわけです。

自分にとって最良の未来につながる選択を重ねていきたいなら、直感力を磨いていきましょう。そのためには、まずはとにかく決断のスピードを上げてください。「直感」

とはつまり、「ものすごくスピードの速い決断」ということだからです。

優柔不断なタイプの人にとっては高いハードルかもしれませんが、まずはお店でメニューを決めるときや買い物に行ったときなど、日常的なことから始めてみると良いですね。メニューに目を通した瞬間にこれ！　と決める、瞬時に決断してパッパッと買い物かごに入れる。そんなことを意識してみてください。

急いで選んで「やっぱり違うほうにすればよかった」と後悔したり、間違いだったなと思ったりしてもいいんですよ。そうやって**失敗も重ねるうちにどんどん感覚が磨かれていき、やがて直感力や、未来を読む力が身につくようになります。**

言葉を話すときに、「『あ』はどうやって言うんだっけ？」なんて考えながら話すことはありませんよね？　それはあなたの頭の中で、考える間もないくらいのものすごいスピードで情報が処理されているからです。

直感もそれと同じことです。トレーニングを重ねるうちに、言葉を話すのと同じくらいの速さで、瞬時にさまざまな決断ができるようになります。それはいわば、「瞬間的に湧く未来予知能力」。社会で成功している人たちは、こういう一瞬の決断力が発達しているから、名声を得たり、社会で成功したりすることができるのです。なのでジャッジをすばやくしていきましょう。

私たちが行動を起こすとき、理論よりも、感情よりも、まずまっさきに来るのは実は直感。直感がすべての源です。

「私はなんでもいいや」「みなさんと同じでいいです」ではなく、自分の気持ちが向くままにすばやく決断する。その積み重ねがあなたの直感力を磨き上げ、インスピレーションを与えたり、スピリチュアルな能力を高めたりしてくれるのです。

Sum up!

決断力を上げれば未来を読む力が手に入る

Section 39

体調は運気のバロメーター

体調と運気は密接にリンクしているもの。だから幸せになりたいときこそ、体は大切にケアしてあげましょう。体のパワーが不足していると、気力も運気も高まりません。

急に体調が悪くなってしまったり、風邪を引いたりと、「体を壊す」ことには色々な意味やサインがあります。ここでは二つのパターンをご紹介します。

まず一つ目は、「最近、謙虚さが足りなかったのではないですか？」とか、「なんでも一人で頑張ろうとしていたのではないですか？」という合図が送られている場合。自分の力を過信して突っ走っていたりすると、思わぬ体調悪化に見舞われることがあります。それは、「あなたは体調管理という、基本的なこともできていない人なのですよ」という、天からのお知らせ。少し傲慢《ごうまん》になっていなかったか、振り返ってみると良いでしょう。

あるいは「周りに協力してくれる人がいることに気がつきなさい」と神様が教えてくれているのかもしれません。全部一人で抱え込んでいるあなたに、「もっと頼ってほしい」と周りの人が念を送っていることもあります。

体調を崩しやすい人は、周りの人たちに協力を仰ぐことも必要かもしれません。もちろん、助けてもらったら感謝の気持ちをきちんと伝えましょう。

二つ目は、体調悪化が「未来予知」である場合。**なんだか最近、体調が良くないなぁ、と感じているなら、ひょっとして、近々大きな仕事が入るかもしれません。**

頭ではわかっていなくても、体は本能でもうそれに気づいているもの。あなたが華々しく活躍する未来をいち早く察知した体の細胞たちが、そのときに感じるであろうプレッシャーを予期して、「体調を崩す」という形でサインを送っているのです。「不摂《ふせっ》生《せい》をせず、今のうちに体のコンディションを整えなさい」というお知らせだと思って、体を大事にケアしてください。

ただ残念なことに、嫌な仕事の未来でも同じ反応が出てしまうことは覚えておいてください。重圧を感じることには変わりないので、その場合も体調が変化するのは同じなのです。

とはいえ、たとえ未来に訪れるのが嫌な仕事だとしても、あなたが健康でいれば、そのマイナスの気を強く跳ね返せます。だからいずれにしても、しっかりと体調を整えておきましょう。

体調の良し悪しは運気のバロメーター。運は健康状態が良くなければ動き出しません。体調を崩してしまったら、物事は思い通りにいかないのです。逆に、**体のコンディションが良ければ、多少の悪い運気は跳ね除けることができます**。

体をいたわることは、あなたの運をいたわること。今日もしっかり自愛をして、幸せを呼び込む態勢を整えましょう。

Sum up!

体を壊すのは
未来予知や念の可能性も

Section 40

時にはちょっとだけ流されてみることで運命が変わる

運気を上げて現状を打破していきたいなら、素直さと柔軟さを身につけましょう。もちろん自分の信念を持つことは大事です。前にもお話ししたように、絶対にここは譲れない場面だと思ったら貫き通さなければならないし、自尊心を著《いちじる》しく傷つけられるような扱いを甘んじて受け入れてはいけません。

そうしたことを守りながら、**時に「ちょっとだけ流されてみる」ということを意識すると、運の流れが変わってきます**。特に誰かからのアドバイスに乗ってみることで、一気に風向きが変わることもあるのです。

私は一時期オネエキャラとして占い師と芸人活動を行っていましたが、それは吉本興業の社員さんから「オネエになってみたら?」というアドバイスを受けてのこと。

芸人としても限界を感じていた時期でもあり、その社員さんがとても信頼できる人だったので、私は特に抵抗なくオネエキャラに転身したのです。

そのキャラはやがて卒業しましたが、今につながる道をつくってくれた重要な転機となりました。ですからあのとき、素直にアドバイスを受け入れて本当によかったと思っているのです。

人生にはこんなふうに、誰かからの意見やアドバイスをすんなり受け入れてみたり、あえてちょっと流れに身を任せたりしたほうが良いときもあります。なぜなら、ずっと自分の信念や意見だけを大切にしていると、視野が狭くなってしまうからです。視野の狭さ、頭の固さは運気ダウンにつながります。

何かを変えるほど運気も変わりますから、時には環境や生活、主義、マインド、そして自分自身をガラリと変えるくらいの勇気と柔らかさを持ってください。視野の狭さはそのまま、あなたの世界の狭さを意味しています。

だから反論したいときの常套句《じょうとうく》「でも……」「ただ……」がつい口をついて出そうになっても、一呼吸置くクセをつけましょう。誰かから、「絶対それはない」「ずいぶん的外れだな」と思う意見やアドバイスを受けたときも、ひとまず封印。相手を論破し、自分の考えを押し通そうとする前に、ちょっと心と視野を広くして考えてみることで、それが秘めている意外な可能性に気がつくかもしれません。

現実的な面から見ても、「でも」「ただ」が口癖の人は、周りの人に味方になってもらいづらくなります。いつでも言いなりになる必要はありませんが、**「そうですね」と受け流すスキルを身につけておくと後々、自分が得をします**。私も気に入らないことにはすべて「でも……」と反論してしまう時期がありましたが、やっぱり空気も悪くなるし、相手の気分も害するので、時には本心からではなくても「そうですね」と言うようになりました。その結果、良い運気の流れができて、夢ややりたいことを実現できるようになりました。意向に沿わないことでもひとまず肯定して相手の気分を良くさせておき、行動でしっかり自分のポリシーを貫く。そんな姿勢も大事なのです。

Sum up!

「ありえない」と
はねのけるだけでは
世界は広がらない

Section 41

頭で考えない人ほど幸運を手にする

運は来た瞬間に掴めるかどうかにかかっています。また、「これは運命かも」と感じた瞬間に躊躇《ちゅうちょ》せずに突っ走ることができると、それを本当の運命に変えることができます。そして、それが幸せを掴むきっかけになったりするでしょう。

私はよく神社やパワースポットに行きます。Instagramを見てくれている人はわかると思いますが、その写真はいつも無人です。足を運ぶ神社の多くは常にたくさんの参拝者で賑《にぎ》わっていますが、どんなに大勢の人がいても、必ず人の流れが一瞬止まるシャッターチャンスが訪れるのです。

そこで私がうっかり、「しばらく人の流れが止まらなそうだから飲み物買いに行こうかな」などと思ってその場を離れては、そのチャンスを逃してしまいます。そろそろ喉が渇いたな、と思ってもそれを我慢して粘るから、人がいなくなった瞬間を押さえることができるのです。

楽をしたいとか、気分が良くなってから行動に移したいという気持ちを優先すると、運やツキから見放されます。「まだ大丈夫だろう」と思ったときが運気のターニングポイントです。本来すべきことを後回しにしないようにしましょう。

神様は私たち人間のために何かしてあげたい、と考えているので、チャンスは頻繁にやってきます。ただ、みんな気がつけない……、いや、気づこうとしていないのです。そのチャンスを手に入れるためには、「ま、いっか」と感じたときや何らかの違和感を感じ取ったときの感覚を大切にしましょう。そこにチャンスが落ちているので、それを見落としたままでいると、逆に不運な出来事が起こってしまいます。また、イライラしたり、不安な気持ちになったりしたときは、相手が嘘をついていたりもします。これらは「気がついて」という神様からのメッセージなのです。

運とは何らかの法則に従って動いており、引き寄せることも可能ですが、コントロールしようとしすぎたりすると逃げ出していきます。流れが来たときにチャンスを掴め

るかどうかがすべてです。運の神様はいたずら好きです。だから、まるで私たちを試すかのように、二つの選択肢を提示《ていじ》し、天秤にかけます。どちらを選択するかで運命が変わっていくでしょう。時には、残酷な決断を迫られることもあります。例えば仕事が猛烈《もうれつ》に忙しいときに限って、とびきりの恋愛のチャンスが用意されたりします。そのときに「いや、今はちょっと余裕もないし、デートはもう少し落ち着いてからにしよう」などと理性を優先させてしまうと、運やツキは逃げていきます。「ここは絶対に逃しちゃいけない気がする！」と、感情や本能を最優先させ、突き動かされるままに行動できる人だけが、運やツキ、チャンスをものにできるのです。

もちろん健康がすべてですが、多少疲れた体に鞭打《むちう》って行動することや、どうにか仕事の調整をして、もっと言えば仕事も投げ打って飛び込めるくらいの衝動を大事にしてください。先延ばしにしている間にせっかく良かった運気も切り替わり、相手も、神様も、トーンダウンしてしまうかもしれません。

流れが来たときに、他のことには目もくれず、優先すべきこと以外をすべて犠牲にすることができると、チャンスを掴み、幸せになれるのです。

Sum up!

理性を捨て、感情と本能を最優先させれば運とチャンスを掴める

Section 42

人生は12個の星座を自分に取り込んでいくドラマ

深い縁のある人や、一瞬だけつながりがあった人。人生ではさまざまな人との出会いと別れがあります。そこで得た学びをどのようにその後の人生に生かしていけるかで、未来、そして運命は変わります。

漫画やゲームの世界によく、バラバラに散らばったパーツを集め、一つの物に完成させていくストーリーがありますよね。なぜこういった内容は人気があるのでしょうか。それは、私たちが自分自身の人生を物語に投影しているからだと思います。

実は私たちの心も、潜在的には完全体です。でも、あえてそれを発揮できないような、一見、未完成な心の状態でこの世に生を受けています。我々の心は大きく分けると12個に分かれており、それは12星座の物語とリンクしています。そしていつかそれを統合させることを目指し、日々戦っているのです。

本当は**自分の中に宿っているはずの12星座の性質すべてをうまく使いこなし、完全体になる。それが私たちの人生の目的なのです。**でも、これはなかなか一人の力ではできません。そこで、自分の星座を除く各星座の人々との出会いを通じて、自分の中に眠っている11個の星座の性格を呼び覚まして統合し、自分自身を進化させていくのです。12星座にはそれぞれ、特性、傾向、行動パターンがあります。気づいたら同じ星座の人とばかり付き合っていた、なんて経験はありませんか？　それはまさに、あなたに足りないものを、その星座の人の性格を通じて取り込むという目的のために起きたことです。そのときのあなたの課題に合わせ、必要な相手に巡り合っているのです。

例えばあなたが「人間関係が上手くいかない」と思っているときは、天秤座の彼と出会うかもしれません。天秤座は正義感を持ちすぎると上手くいかなくなりますが、人に合わせる生き方を優先します。また、自分自身を正当化させるのが得意です。人間関係で揉《も》めたときに自分自身を正当化し、優位な立場に立つ。この力があなたに欠けているので、自分を守るために正当化する力と、その状況を生み出さないための社交性の高さを身につけなさいというサインが訪れているのです。あるいは引っ込み思案でなかなか自己肯定感を高められないあなたは、自信とプライドをテーマに生きている獅子座の彼に出会い、その要素を自分のものにしなければなりません。もちろんこれは恋愛以外でも同じこと。家族、友達、会社の人など、人生で訪れるさまざまな出会いは、そのときのあなたに必要な要素をもたらすためのものなのです。190〜191ページの一覧表で、自分と深い関係にある人の星座を見てみましょう。その人の持つ星座から何を学べるのかがわかると思います。やがて別れが訪れたり、疎遠になったりするのは、その星座の要素を吸収し終わったことの証《あかし》。あなたは一つの学びを終え、また一歩、完全体に近づいたということになるでしょう。そして次なるステージへと進み、また新たな星座の人と出会って別の課題を解決していくのです。

あなたは今、自分を除く11個の星座のエッセンスを吸収していく壮大なストーリーの途中にいます。**人生の何気ない一部分は実は壮大なドラマの一コマであり、すべての出会いと別れに意味があるのです。**

各星座の物語を取り込むことによって、あなた自身をつくり上げていきましょう。

Sum up!

あらゆる星座の
エッセンスを取り入れながら
人は進化していく

Section 43

あなたの次の星座の世界観を学ぼう

前の項目でもお話ししたように、私たちは本来、潜在意識の中に12星座、すべての性格を持っていますが、それを使いこなせておらず、人との出会いによって12星座を一つずつ覚醒させていき、完全体を目指していきます。

そのなかでぜひ知っておいてほしいのが、特に**「自分の星座の次の星座からの学びは特別」**であるということ。

例えば牡羊座は牡牛座から、牡牛座は双子座から、そして双子座は蟹座から……というように、次に来る星座からの学びは、ひときわ自分にとっては大きな改革になることが多いのです。

自分の次の星座の人は、自分とは相反《あいはん》するタイプだと思ったり、本質的に合わないと感じたりする人も多いかもしれません。それは実は自然なこと。次の星座はあなたに足りない要素を本質的に秘めているので、自分にとって居心地が悪かったり、窮屈に感じたりしてしまうのです。

だからそれに当てはまる人との出会いがあって戸惑うことがあったとしても、「この人から得る学びによってもっと私は進化できるんだ」と喜んでください。

次のページから、各星座の特性を紹介します。自分の星座を見るのはもちろん、その次の星座や今あなたのそばにいる人の星座もチェックして、「私に必要な課題は何かな？」と考えてみると良いでしょう。

星座	**牡羊座** Aries《アリエス》 	**牡牛座** Taurus《タウラス》 	**双子座** Gemini《ジェミニ》 	**蟹座** Cancer《キャンサー》 	**獅子座** Leo《レオ》 	**乙女座** Virgo《ヴァルゴ》 
エレメント	**火** 〈直感〉	**地** 〈感覚〉	**風** 〈思考〉	**水** 〈感情〉	**火** 〈直感〉	**地** 〈感覚〉
世界観	自分自身で未来を切り開く力があります。一度決断したら迷いません。リーダーシップを発揮して仕切る立場を任せられることも。積極的に新しいことに挑戦するエネルギーを持っています。	自分の考えやはっきりとした意思を持っています。信念を貫いて。欲しいものは必ず手に入れたいという素直さが魅力です。五感が優れていて、才能を突き詰めることがテーマです。	好奇心旺盛で頭の回転が速く、次々と行動に移すことが得意です。理論派で前もってプランを立てるのが上手。言葉でなく行動で示すタイプです。コミュニケーション能力も高く、初対面の人とも仲良くすることができます。	世話焼きで頼りになる存在です。愛を伝えるのが指令だと感じています。気を許した相手にしか心を見せられなかったりします。ホームだと感じられる環境だと最大限力を発揮します。	個性を大切にし、自分らしさを追い求めています。自己主張することができ、さまざまな場面で存在感があります。周りの声を気にせず自信を持つことがテーマです。	完璧主義なところとそうでないところのギャップが激しい性質です。繊細で観察力があり、小さなことによく気がつき、核心をつく発言をします。誰かを支えることが生きがいでもあり、尽くしすぎてキャパオーバーになることも。

天秤座 ライブラ Libra《ライブラ》	蠍座 Scorpio《スコーピオ》	射手座 Sagittarius《サジタリアス》	山羊座 Capricorn《カプリコーン》	水瓶座 Aquarius《アクエリアス》	魚座 Pisces《ピスケス》

風〈思考〉	水〈感情〉	火〈直感〉	地〈感覚〉	風〈思考〉	水〈感情〉
一人の時間が必要で、妄想したり、じっくり考える時間を求めます。誰からも対等に扱ってほしい気持ちが強い性質です。本音を見せすぎず、上手に建前を言えるようになるかがテーマ。	常に本気で、手を抜くことがない、頑張り屋さん。周りの人と深く付き合いたい気持ちを持っています。どうしたらもっと人に愛されるかを考えています。ショックを受けやすく傷つきやすいので、少々のことでクヨクヨしないようになれるかがテーマです。情熱を持って諦めずに最後までやり遂げる力もあります。	自由を愛し、自分で楽しみを見つけることができます。人に教えたり、指導したり人を導く才能があります。理想を追い求めます。精神的な強さを鍛えられるかがテーマです。	自分に厳しく、責任感も強いので、とてもストイックです。夢に描いたことを現実化する力があります。また、結果がすべてだと考えています。母性愛と面倒見の良さから、大切な人にはなんでもやってあげたいタイプです。	冷静で客観的に物を見ることが上手です。新たな人と出会い、関係性を築くのも得意。クールに思われることも。すべての人に平等にふるまいます。他の人との違いにこだわり、オリジナリティを大切にします。	人とのつながりや絆を大切にしています。また、心の癒やしを求めます。自己犠牲の精神が強く、心から誰かを助けてあげたい気持ちが強い性質です。情に流されやすい一面も。ガードを堅くしすぎず隙を見せられるかがテーマです。

Section 44

自分を好きになれないのは、ある意味では幸せ

「自己肯定する」「自分を好きになる」ということが苦手な人もいると思います。でも、自分を好きになれない状況は辛いですよね。自己否定してばかりいると、どんどん気持ちがすさんでいってしまうと思います。

「自分のことが嫌いで否定してばかり」という状態への解釈は二つあります。

一つ目は、ちょっと辛辣《しんらつ》な言い方になってしまうかもしれませんが、「時間が有り余っているから」。

自分が嫌い、自分が嫌だ……とグルグル考えていられるのは、それだけ人生に余裕があって平和だから、というふうに見ることもできます。ある意味では幸せなのです。

例えば明日ご飯を食べられる保証がないというとき、お金がなくて生活が成り立って

いかないというときには、自分のことが好きかどうかなんて考えている余裕はないですよね。

人生の時間は限られています。若いうちに輝きたい、成功したいという野心やハングリー精神を持っている人は、とにかくがむしゃらに努力しなければならない。そういう状況にいる人たちが、果たして「自分が嫌いで辛い」という感情にもがいているでしょうか？　おそらく夢を叶えることに精一杯で、そんな暇はないと思うのです。そう思うと、自分も一歩踏み出して何かに思いっきり打ち込んでみようかなという気持ちになりませんか？

もちろん、どっぷり自己否定するような時期もあっていいんです。「このままじゃ終われない」という気持ちが生み出されるまで、自分自身をどん底まで突き落とし、ゆっくり休む時間が必要になってくるからです。でもいつまでもその状態でいては、絶望から浮かび上がることはできません。**いつか暗闇に光が差し込んだとき、しっかりはい上がれるように、自分の挑戦したいこと、なりたい姿などを心の中にストック**

しておきましょう。野心が絶望からはい上がるきっかけになることもあります。

二つ目は、「魂を磨き上げるという使命を持って生まれてきたから」。このタイプは、自分の魂を向上させ、レベルを上げるという役割を担《にな》ってこの世に降臨している、まるで仙人のような存在です。

この世に生を受けたのは、人生をかけて自分の魂を鍛え、さらに美しい魂となって天の世界に戻るため。この世では向上心の塊《かたまり》として、誰よりも自分に厳しく、自分を鍛えることに人生をかけているのです。

ですからなかなか自分を好きになれなくても、気に病むことはありません。「私は自分の魂を磨き上げるためにこの地球に来ているのだから、仕方ないな」と受け入れて自らを向上させていきましょう。もちろん、その過程で自分を好きになれたら、それに越したことはありません。

腐ることなく自己鍛錬に励んだあなたは、いつかあちらの世界に帰ったときに、多くの仲間に賞賛されることでしょう。

Sum up!

自分に厳しいのは
魂を向上させるという
役割のためかもしれない

Section 45

あなたの思いとエネルギーは時空を超える

「私たちには過去を変える力がある」と言ったら驚くでしょうか。未来を変えるのはわかるけれど、過去はもう固定されて、変えようがない、という声が聞こえてきそうです。

しかし、今私たちが生きている時間軸と、未来・過去の時間軸は確かにつながっています。横軸が自分の人生だとすると、縦軸が先祖と自分、そして子孫をつなぐもの。縦軸のなかであなたは未来とも過去ともつながっています。

あなたの念や思いは時空を超えて、はるか未来を変えることも、あるいは過去に影響を与えることもできるんですよ。だから大好きな歴史上の偉人とつながってパワーをもらったり、あるいは送ったりすることもできます。例えば長い間、悪者扱いされていた歴史上の人物の評価が一転して高くなったりすることがありますよね。それは、その人を応援する現代の人々の念が影響しているのです。

もちろん、自分の子孫や先祖と気の交流をして、パワーを与えたり、逆に与えられたりすることも可能です。

「お墓参りをしたら良いことがあった」という声が絶えないのは、ご先祖さまに祈りや感謝の思いを捧《ささ》げたことで、あちらも良いエネルギーを送ってくれたから。お互いに良い気の交流ができているのです。それによって今抱えている悩みが消えたりして、自分が置かれている状況が好転していきます。あるいはご先祖さまが抱えているカルマが解消され、結果的にあなたの運気が高まるということもあります。

過去という視点で言うと、前世の自分にも思いを馳《は》せるようにしてあげましょう。もちろん前世の記憶がなくてもいいんです。自分の前世はこんな人だったかな？　という推測でいい。そのうえでメッセージを送るのです。きっとその人もエールを送り返してくれるでしょう。もしあなたが今、辛い状況にいたとしても、それによってきっと道が開けるはずです。

未来に対しても同じことが言えます。あなたが温かい念を送れば、それは必ず届きます。だから今さえ良ければいい、自分が死んだあとのことは知らない、という態度で身勝手なことをしていてはいけないのです。**自分の子孫や未来を生きる人々の幸せのために、何ができるかな、というメンタリティで日々を生きるようにしましょう。**未来の人々にあなたのポジティブな思いが伝われば、その人たちに感謝され、良い気を受け取ることができます。

いつか人類は宇宙に出て、違う惑星を目指すときが来るかもしれませんね。人々が新しい惑星で幸せに暮らせる未来を思い描いて、祈りを捧げるのも良いでしょう。きっと宇宙の星々があなたに味方して、人生を星のようにきらめかせてくれるはずです。

Sum up!

幸せな気持ちで未来に
思いを馳せると、
宇宙の星々が
あなたに味方する

Section 46

霊感や霊能力は誰もが持っている

多くの人が「自分には霊感なんてない」「私はそういう体質じゃない」と思っていると思いますが、それは固定観念にとらわれて自分の能力に蓋をしてしまっているだけだと思います。**スピリチュアルな力は、本来誰にでもあるはずのものなのです。だから自分に限界をつくらずに磨いていけば、必ず神秘的な力を開花させることができます。**

霊的な力は、あなたを幸せへと導く心強い存在。その力を磨くことで、あなたはこれから、必要な人や仕事、出来事と出会うことができたり、自然とベストな選択ができるようになったり、あるいは不運が起きそうなときの予兆に気づき、トラブルを未然に防いだりすることができます。

神秘的な力は、信じれば信じるほど高まっていくものです。「自分には無理」という思い込みを捨てて、勝手につくり上げてしまっていた限界を超えていきましょう。

一つ、霊力を上げるトレーニングをご紹介します。夢を見たときには、それが何を暗示しているか、夢占い事典を参考にしながら分析し、その先に起こることを予測するなど仮説を立て、メモしておきます。仮説はいくつ立ててもかまいません。その後は「実際にどうだったか」を検証。予測が当たっていたか、あるいはどう違っていたか見比べます。

自分が立てた予測が当たっていなくてもがっかりしないでくださいね。これはあくまでもトレーニングです。仮説を立てて検証するということを繰り返すうちにその精度は上がり、偶然の出来事に意味を見出せるようになって、未来を読む力もついてきます。

あるいはゾロ目や、自分にとって特別な数字が目に飛び込んできたときも同様に、その意味を考えてみると良いでしょう。「エンジェルナンバー」という言葉もあるように、数字もとてもスピリチュアルな存在です。ふと目にする数字には意味がありますから、それが何を示しているのかを考えてみてください。

こんなふうに「身の周りの現象を分析する」というトレーニングを積み重ねていくことで、霊性は確実にアップしていきます。そうすると、虫の知らせを受け取るようなことが増えていくでしょう。あなたの霊感が発動し、「あれっ、なんだか胸騒ぎがする」「なんとなくひっかかる」という感覚が浮かんでくるようになります。実は大半の人が流してしまいますが、**不運が起きる前には必ず違和感が訪れるもの。スピリチュアルな力を高めることで、それに鋭《するど》く気づけるようになる**のです。

もちろん、こういったトレーニングで、幸運をキャッチする力も高まります。「今日はこっちに行ったほうがいい気がする」という感覚が湧いてきたときは、迷わず行ってみましょう。そこであなたの人生を変える何かと出会うかもしれません。

不思議な力、神秘的な力はあなたの中にも必ず秘められています。その力が目覚めたとき、きっとこれまでとは違った世界が広がることでしょう。

Sum up!

不運が起こるとき、そこには必ず違和感がある

Section 47

あなたの使命は挫折の先に待っている

誰だってできれば自分だけの使命や役割を見つけたいし、天職に出会いたいと思いますよね。自分は何のために生まれてきたんだろう？　と自問自答したことがある人も、決して少なくはないでしょう。

使命を見つけるためには、まずは目の前のことを「これが私の使命だ」と信じて、全力で取り組むことから始めてください。人に何を言われようが、笑われようが、とにかくこれが自分の天職だと思って本気でやってみるのです。運命というのはそういう熱量があって動き出すものです。だからまずは目の前の仕事を愛し、全身全霊で突き進んでください。

もしその仕事があなたの本来の使命でないのであれば、やがてそれを悟る時期がやってきます。いわば、挫折を体験することになります。そのときに方向転換すれば良いのです。

例えば私の周りの人たちを例にとると、最初はお笑い芸人や俳優だったけれど、なかなか芽が出ず、ラジオのパーソナリティに転身したらものすごくフィットしていたとか、アイドル歌手を目指して奮闘していたけれどうまくいかず、声優の方面に進んだら一気に売れっ子になったとか、そういう例はたくさんあります。

これらはいずれも最初の夢で挫折した先にあった未来です。**使命は挫折の向こう側に隠れていることが多いのです。だからたとえ一つの道で花開くことがなかったとしても、その道のりは無駄にはなりません。**むしろその道を断念したからこそ見つけられるものがあるのです。

挫折するためには、まずは目の前のことに本気にならなければなりません。果たしてその道のスペシャリストになれるのか、その方面で花を咲かせられるのか、どんな展開が待ち受けているかはわからなくても、とにかく魂を燃やしてください。

そうするとやがて、そのまま突き進むのか、シフトチェンジするのかの答えが自《おの》ずとわかるときが来ます。仮にそこで当初の夢を諦めることになったとしても、その挫折の向こう側にあなたの本当の使命が待っているということですから、晴れ晴れとした気持ちで進んでいきましょう。

もしあなたが今、「こんな会社やめたいな」「本当にやりたいことじゃないのにな」と鬱々《うつうつ》とした思いで日々仕事をしているのだとしても、騙されたと思って一度本気になってみてください。これが自分の使命なのだと信じて、ここにいることには何か意味があるんだ、ここで自分を成長させる必要があるんだ、という思いで取り組んでみるのです。

もしかしたらやがて、その会社で燃え尽きるなり、挫折するなりして、その先で本当の居場所を見つけることになるかもしれません。そのときには「あの挫折があったからここに来られたんだ」と思えることでしょう。あとで答え合わせができるのです。

これは一生懸命になった人にしか訪れない感覚です。本気で向き合うからこそ、挫折の先で使命にたどり着くことができるのです。

Sum up!

本気で向き合っていれば
必ずあとで
答え合わせができる

Section 48

亡くなった愛《いと》しい人は必ずあなたのそばにいる

子どもの頃、テレビで深夜、サッカーのワールドカップを一人で観ていたときのこと。幼かった私は、途中、睡魔に負けてウトウトしてしまいました。すると、誰かに肩をトントンと叩かれたのです。ぱっと目を覚ましたちょうどその瞬間、テレビの中の選手がゴールを決め、大事なゴールシーンを見逃さずに済みました。周りには誰もいなかったはずなのに、トントンと叩かれた肩の感触まで、しっかり残っていました。

あるいは同じ頃、とあるバラエティ番組を観るのを楽しみにしていたのに、うたた寝してしまったときも、始まる時刻に不思議な存在に肩を叩いて起こされ、最初からしっかり観ることができました。

そういう経験は子どもの頃、頻繁にありましたし、今でもあります。まどろんでいるときは不思議な存在とつながりやすいもの。私を守ってくれている霊が、大事な番組を見逃さないように起こしてくれるのです。

守護霊や亡くなった大切な人の魂、ご先祖様。目には見えなくても、あなたはこういう存在に囲まれて生きています。自分は一人ぼっちで孤独だと思っていても、周りにはいつだって、あなたを優しく見守る霊たちがいるのです。

この本に書いたような方法であなたが霊性を高めると、こういった不思議な存在たちと、深くつながることができるようになります。やがて亡くなった人からの声を聞けるようになったりもするでしょう。故人が枕元に現れて、生前伝えたかったことを教えてくれたり、その姿形が現れるようになったりすることもあります。

あるいは他界した家族の形見などが、ちょっと動いたように見えるなど、不思議なことが身の周りで起きやすくなります。寂しいときや辛いときに、亡くなったお父さんやお母さんのぬくもりを感じられるようになったり、そっと肩に手を置いてもらえるような感覚を味わえたりもするようになるでしょう。

時間も空間も超えて私たちはつながっています。一個の生命体でありながら、海外の人、亡くなった人、ご先祖様や過去の偉人たち、未来の人々、動物、鳥、虫など、あらゆるものとつながり、その要素をこの身に秘めているのです。

経験のないことでも難なくこなせたり、学んだこともないのに知っていたりするのは、実は**古今東西、あらゆる人の意識や記憶があなたの中に備わっている**からなのです。

絶望して孤独に打ちひしがれそうなときは、それを思い出してください。あなたはすべての人と、そして宇宙とつながっています。そして、必ず守られています。

Sum up!

この瞬間も守護霊たちが
あなたの幸せを願っている

Section 49

笑顔で進むあなたに幸せは訪れる

絶望は再生の証。大きく何かを失ったあなたには、このあときっと、それを回収して余りあるような、大きな幸せが訪れることでしょう。

だから幸運を呼び込むためにも、素敵な笑顔の花を咲かせてください。むすっとした顔や、悲しげな顔ばかりしていては、運気も下がってしまいますよ。「辛い」「ついてない」と思う人ほど、口角を上げる練習をしてみましょう。もちろん、不自然なほど口角を上げすぎたら却《かえ》って疲れてしまいます。穏やかで自然な「いい笑顔」になれるよう、鏡の前で練習してみると良いでしょう。

顔の中で唯一粘膜でできている唇は、恋愛、愛情を表す部分。性器を表すところでもあるので、口角をきゅっと上げると唇が動き、目には見えない女性フェロモンが出て、恋愛運も引き寄せられます。爽やかな色気が出て、女子力も上がるでしょう。

もう一つ重要な部分が顔正面の頬《ほお》。ほっぺたは世間や社会、集団を表します。アンパンマンは、頬がすごく上がっていますよね。それは正義のヒーローとして活躍し、みんなに愛されているから。周りの人とうまくコミュニケーションをとりたいなら、頬を刺激してリフトアップしてあげましょう。

「最近、頬が下がっている」という人は、お風呂上がりのフェイスマッサージがおすすめ。両手で顔正面の頬をグーッと持ち上げたら、耳に向かって両手を開くようにスライドさせます。正面の頬は社会性を表し、横顔はプライベートを表すので、どちらにも幸せがもたらされるようにするのです。最後は指先を顎《あご》に向かって下ろし、顎の先端で両手を合わせます。顎は安定を表すところ。運気を安定的に定着させるためにも、顎でフィニッシュしてください。

このマッサージは、いわゆる小顔マッサージと同じ要領ですから、フェイスラインもすっきりするし、肌もつやつやで美しくなりますよ。

人生では、理不尽だと思うことが時折、起こります。とても笑顔になんてなれないときだってあるでしょう。でもそういうときこそ、信じるのです。どんな出来事にも必ず意味があるのだということ、そこから必ず何かを得られるのだということを。ショックが大きいほど、深い絶望を感じるほど、あなたはきっと代わりに大きなものを掴み、大きく人生を変えていけるのです。

不満や怒り、悲しみでいっぱいのときは、泥の中でけなげに、そして可憐に咲く蓮の花を頭に浮かべて、口角を上げてください。どんな辛い状況のなかでも美しく凛《りん》と咲く、蓮の花であってください。

すべての絶望を、自分を再生させるチャンスに変えてゆく。そしてにっこりと微笑んで進んでいく。そんな芯の強さを秘めたあなたであれば、どんな状況に陥ろうとも、幸せを運ぶ神様を振り向かせることができるはずです。

Sum up!

泥の中でも気高く咲いて、あなたの絶望を幸せに変えよう

おわりに

人は深い涙の海に沈んでしまうことがあります。

「どうして自分ばっかり……」

「もう無理だ……」「やっていけない」という思いに打ちひしがれ、気持ちが沈んでしまったことは、誰にもあるかと思います。

もしくは、自分自身の人生を恨んだり、運命を嘆きたくなったりしたこともあるかもしれません。

生きていると、さまざまなことが起こります。

いつも幸せなことばかりではありません。時に信じられないような悲劇が起きたり、身をもがれるような苦しみを感じたりすることもあるでしょう。

多かれ少なかれ、

誰もが人生のなかでそんな「絶望」を感じた経験を持つのではないでしょうか。

でも、それはすべていつか「過去」になります。

あなたが絶望したとき、本当の使命を知るための物語が始まります。

絶望の涙でできた深い深い海の底から浮かび上がり、たくましく泳ぎ、

そして幸せが待つ陸へとたどり着く日に向けて、運命が動き出すのです。

幸せになれる人とは、「すべての経験を生かしていける人」です。

たとえ何もかもを投げ出したくなるような辛い出来事に見舞われたとしても、

そこから何を学べるのか、何を得られるのか、ということにフォーカスする。

その気概で自分を高めていける人は、
そのたびに自分を磨き、魂のレベルを上げていくことができます。

人が最も大きく変われるのは、絶望したときです。

すべてを失うからこそ見えてくるもの、掴める幸せがあるからです。
どうしようもなく虚《むな》しい気持ちでいっぱいのときこそ、
「この絶望を糧《かて》に生きるんだ!」という強い覚悟と情熱を持ってください。

そして、生まれ変わってください。
失ったもののためにも、あなたの霊性を高め、不運を回避する力、
幸運を呼び寄せる力を身につけていってください。
日々、新たな自分に生まれ変わっていくのです。

そうすると必ずいつか、「あの絶望を経験してよかった」と思える日がやってきます。
そこにいるのは、すべての経験を力に変えた、強くて美しいあなたです。

あなたの人生は、あなただけのものです。あなたの経験は、
あなたを幸せにするためにあります。無駄なものは一つもありません。

さあ、今、絶望の淵にいるあなた。プロローグは終わりました。
これからあなたの、本当の物語が始まります。
どうか自分自身の手で、自分を幸せにしてあげてください。
大丈夫。その日は絶対にやってきます。

この一冊を読んでくれた経験が、どこかで生きることを祈って。

Love Me Do

スペシャルなおまじない

普段使っている手帳やノートの四角《よすみ》に、イラストを描いて、運気を高めましょう。
あなたの叶えたい願いに合わせて、イラストを使い分けてみてください。
もちろん併用してもかまいません。

ヘビ

左上は、恋愛運・結婚運を高める方位です。
ヘビは地上に降りた龍の化身。ヘビを描くと、
気になる人から連絡が来たり、縁結びの効果や
恋愛・結婚運が高まったりします。

パンダ

日常生活を充実させたい人は、
右上にパンダを描きましょう。
人気者のパンダを描くことで、
あなたの人気運が高まります。

ネコ

ネコには運勢を変化させる力があります。
顔だけでも良いですが、
ネコが動いている姿を描くと、
より効果は高まります。

ページ

仕事運を高めたい人や
次のステップに上りたい人は、
右下にページをめくる絵を
描くと良いでしょう。

※このイラストは、分かりやすいように大きく描いていますが、1cmくらいのイラストでも効果は十分あります。

絶望したあなたに幸運をもたらすお札

あなたに幸運をもたらす２枚のお札です。
額縁に入れて飾っても、手帳に入れて持ち歩いても良いでしょう。
コピーしたものでも効果はあります。
あなたの好きな形で、あなたの幸運を呼び寄せてください。

幸せを呼ぶ
8文字のお札

運気の流れを変える
7文字のお札

Love Me Do

占い師、風水師、占星術師。東洋、西洋の占術に精通し、テレビ・ラジオ出演多数。『ヒルナンデス!』（日本テレビ系）の鼻占い金運診断、『日向坂で会いましょう』（テレビ東京）で夢占い師、『有吉ジャポン』（TBS系）では人気占い師・歩くパワースポットとして、また、『アッコにおまかせ!』（TBS系）、『あさイチ』（NHK）、『ニノさん』（日本テレビ系）、『関ジャニ∞クロニクルF』（フジテレビ系）にも占い師として出演。『王様のブランチ』（TBS系）では「風水キャッツアイ」という風水コーナーを担当。2021年4月より『ノンストップ!』（フジテレビ系）で毎週月曜日、週間運気予報も担当。占い以外では『やべっちF.C.』（テレビ朝日系）のフットサル対決などがある。ラジオではFM GUNMA「今週の星占い」（毎週月曜日15:55〜16:00）に出演している。また、東京スポーツで隔週金曜、Tocana（不思議・ディスカバリー系Webマガジン）で占いの連載をしている。全国で行われる占いライブは「会うと運が良くなる」「歩くパワースポット」などと言われ、予約がとれないほど。占った人の人生を変える占い師として人気がある。著書に『部屋の角には神様がいる! Love Me Doの5分で簡単引き寄せ風水』（宝島社）、『3秒でわかる! 手のひら手相術 手に龍神様が走る!』（さくら舎）、『1秒で分かる! 人相術 顔には9人の神さまがいる!』（光文社）、『生まれはあなたを支配するけど 変わることだけが運をよくする』（日経BP）、『Love Me Doの大予言〜2021年から輝く未来を築くために〜』（リットーミュージック）、『金運大全 仕事運、財運、勝負運が上がり、たちまちお金がやってくる160の方法』（大和出版）、『幸せを運ぶ10の龍の育て方 手のひらで龍を覚醒させよう』（サイゾー）ほか多数。

編　集　株式会社ナイスク　https://naisg.com/
松尾里央、高作真紀、安藤沙帆、岩本敦也
デザイン・DTP　佐々木志帆（ナイスク）
執筆協力　川合良祐・地蔵重樹・三上雅子・山川雅子
校　正　玄冬書林
イラスト　make lemonade れも

絶望《ぜつぼう》したあなたが幸《しあわ》せになる方法《ほうほう》

2021年9月1日　第1刷発行

著　者　Love Me Do《ラヴミードゥ》
発行者　吉田芳史
印刷所　図書印刷株式会社
製本所　図書印刷株式会社
発行所　株式会社 日本文芸社
〒135-0001　東京都江東区毛利2-10-18　OCMビル
TEL　03-5638-1660（代表）

Printed in Japan
112210816-112210816 Ⓝ 01（290051）
ISBN978-4-537-21922-7

（編集担当：藤井）